乡村振兴
RURAL REVITALIZATION

农业经营和服务主体带头人

◎ 梁胜江　杨卫华　梁建芬　主编

中国农业科学技术出版社

图书在版编目(CIP)数据

农业经营和服务主体带头人 / 梁胜江，杨卫华，梁建芬主编．--北京：中国农业科学技术出版社，2023.3（2025.10 重印）
ISBN 978-7-5116-6123-4

Ⅰ.①农…　Ⅱ.①梁…②杨…③梁…　Ⅲ.①农业经营-经营管理-研究-中国　Ⅳ.①F324

中国版本图书馆 CIP 数据核字(2022)第 246672 号

责任编辑　王惟萍
责任校对　李向荣
责任印制　姜义伟　王思文

出 版 者　中国农业科学技术出版社
北京市中关村南大街 12 号　　邮编：100081
电　　话　(010) 82106643（编辑室）　(010) 82109702（发行部）
(010) 82109709（读者服务部）
网　　址　https://castp.caas.cn
经 销 者　各地新华书店
印 刷 者　北京中科印刷有限公司
开　　本　140 mm×203 mm　1/32
印　　张　5.75
字　　数　150 千字
版　　次　2023 年 3 月第 1 版　2025 年 10月第 2 次印刷
定　　价　38.00 元

《农业经营和服务主体带头人》

编 委 会

前　言

乡村振兴是我国在开启全面建设社会主义现代化国家新征程中的一项重大战略。乡村振兴离不开农民和农村人才，然而近年来大量农民进城，传统农民出现了断代，农村缺乏大量的农业从业人员。未来谁来种地、谁来从事农业生产，成为当前迫切需要解决的问题。正是在此背景下，家庭农场、农民合作社、农业社会化服务组织等各类新型农业经营主体和服务主体应运而生、快速发展。

为推进新型农业经营主体和服务主体队伍建设，帮助他们学习新知识、掌握新技能，全国各地纷纷开展了新型农业经营主体和服务主体培训。为适应培训，特组织全国各地具有丰富经验的教师编写了《农业经营和服务主体带头人》一书。

本书分为上、中、下篇。上篇为概述，包括新型农业经营体系、新型农业经营和服务主体培育；中篇为带头人素养培训，包括农业农村政策与法律法规、农业生产管理、现代农业绿色生产技术、产业化经营与管理、农产品质量安全、农产品品牌建设、农产品市场营销；下篇为带头人风采，主要介绍典型案例，精选了家庭农场、农民合作社、社会化服务组织等具有代表性的实例，希望能够为新型农业经营主体和服务主体带头人提供借鉴。

由于编写时间仓促，再加上编者水平有限，书中难免存在不足之处，敬请广大读者批评指正。

编　者

2022 年 10 月

目　　录

上篇　概　述

中篇　带头人素养培训

下篇　带头人风采

上篇　概　述

第一章　新型农业经营体系

第一节　新型农业经营体系的内涵和特征

一、新型农业经营体系的内涵

新型农业经营体系是指大力培育发展新型农业经营主体，逐步形成以家庭承包经营为基础，专业大户、家庭农场、农民合作社、农业产业化龙头企业为骨干，其他组织形式为补充的新的农业经营体系，在这个经营体系当中，专业大户、家庭农场、农民合作社、农业产业化龙头企业就是这个体系的基本构成。

（一）专业大户

专业大户是指以农业某一产业的专业化生产为主，以家庭生产经营为单位，农业收入占全部收入的80%以上，种养规模明显大于传统农户或一般农户，初步实现规模经营的农户。专业大户主要包括粮食专业大户、设施蔬菜专业大户、家畜养殖专业大户、家禽养殖专业大户、特种养殖专业大户、渔业专业大户、农机大户等。

（二）家庭农场

家庭农场是以家庭经营为基础，以家庭成员为主要劳动力，通过承包、受让或租赁土地从事农业规模化、集约化、商品化生产经营，并以农业收入为家庭主要收入来源的新型种植业、养殖业法人。家庭农场主要包括种植型、渔业型、林业型和畜牧养殖型的单一型家庭农场和农、林、牧、渔或其中几个部门兼而有之，以种养结合为主的综合型家庭农场。

（三）农民合作社

农民合作社依据不同的分类标准，可以分为不同的类型，通常我们根据合作社的股权结构等因素将其分为农民专业合作社和农村股份经济合作社。

农民专业合作社是在农村家庭承包经营基础上，同类农产品的生产经营者或同类农业生产经营服务的提供者、利用者，自愿联合、民主管理的互助性经济组织，其基本特点：在家生产，在社服务，利益共享，风险共担。

农村股份经济合作社是以资产为纽带、股东为成员的综合性（社区性）农村集体经济组织，由乡镇（街道）农村经济合作社根据社员代表大会讨论决定，将集体经营性净资产折股量化改制而成。它是由行政主导推动具有天然合法性的农民合作组织，社员由具有农村集体经济组织成员身份的村民构成，以促进集体经济发展、保障社员利益为主要职能。

总的来看，农民合作社具有带动散户、组织大户、对接企业、联结市场的功能，应成为引领农民进入市场的主要经营组织。

（四）农业产业化龙头企业

农业产业化龙头企业是指以农产品加工或流通为主，通过各种利益联结机制与农户相联系，带动农户进入市场，使农产品生产、加工、销售有机结合、相互促进，在规模和经营指标上达到规定标准并经政府有关部门认定的企业。农业产业化龙头企业具有资金、技术、人才、设备等多方面的比较优势，在产业链中可以承担起农产品加工和市场营销的作用，为农户提供产前、产中、产后的各类生产性服务。

二、新型农业经营体系的特征

新型农业经营体系有四大特征，即集约化、专业化、组织化、社会化。

（一）集约化

农业生产方式包括集约化生产和粗放式生产两类，粗放式的生产方式是指在较大面积的土地上，消耗较少的生产资料从事农业生产，劳动生产率较低；相反，集约化生产则在相同规模的土地上，尽可能多地投入，从而获得高额的农业回报。若想实现这一生产，首先要实现农业规模化经营，将先进的农业技术运用到农业生产之中，只有这样才能不断提高土地的生产效率和劳动生产率。

（二）专业化

专业化是指农业生产单位经营少数几个农业生产项目。农业专业化生产更注重农业生产之间的分工协作，且这种分工协作不仅局限于不同种类农产品的分工，而是在生产的各个环节都可实现分工协作。农业专业化生产不仅有利于提高农业生产者的技术水平，还有利于提高农产品质量。

（三）组织化

组织化是指按照一定的原则调整农业分工，使其成为一个相互关联的整体。此外农业组织可将农业生产的相关主体联系起来，使各个主体均参与到农业生产的各个环节。农业组织化有利于促进我国传统农民向现代农民转变，由于农业组织具有较大的生产规模，农业生产资金也较为雄厚，所以有助于农民提升其农产品的市场竞争力。

（四）社会化

社会化是指改变以往封闭的农业生产方式，而采用协作的农业生产方式。农业社会化是实现农业现代化生产的主要标志之一。实现农业社会化，要完善相关的社会化服务体系，而要完善这一体系，则需要政府、其他相关行业协会组织的广泛参与，为农业经营主体提供更加专业完善的社会化服务。农业社会化有利于促进我国农业产业化经营，实现农业现代化。

第二节　新型农业经营体系的构建意义

一、新型农业经营体系是对农村基本经营制度的丰富发展

以家庭承包经营为基础、统分结合的双层经营体制，是我国农村改革取得的重大历史性成果，是广大农民在党的领导下的伟大创造，适合国情，适应社会主义市场经济体制，符合农业生产特点，能极大调动农民积极性和解放发展农村生产力，为改革开放以来我国农业农村历史性变化提供了坚实制度基础，是中国特色社会主义制度的重要组成部分，必须毫不动摇长期坚持。这种基本经营制度，是在农村改革的伟大实践中形成的，并在农村改革的深化中不断丰富、完善、发展。构建集约化、专业化、组织化、社会化相结合的新型农业经营体系，就是适应发展现代农业需要，着力在“统”和“分”两个层次推进农业经营体制机制创新，加快农业经营方式实现“两个转变”。

二、新型农业经营体系充分体现了发展现代农业的客观要求

国际经验表明，现代农业需要相适应的经营方式，集约化、规模化、组织化、社会化是现代农业对经营方式的内在要求。合作社在传递市场信息、普及生产技术、提供社会服务、组织引导农民按照市场需求进行生产和销售等方面发挥着重要作用，是组

织和服务农民的重要组织形式，发达国家农民普遍参加合作社。发展现代农业、实现农业现代化，是我国农业发展的重要目标。构建集约化、专业化、组织化、社会化相结合的新型农业经营体系，使农业经营方式更好体现集约化、规模化、组织化、社会化要求，有利于加快我国现代农业发展、推动农业更好更快实现现代化。

三、新型农业经营体系是应对当前农业经营方式面临新挑战的有效举措

当前我国农村正发生深刻变化，农业经营方式面临诸多新挑战，经营规模小、方式粗放、劳动力老龄化、组织化程度低、服务体系不健全是突出表现。构建集约化、专业化、组织化、社会化相结合的新型农业经营体系，大力培育专业大户、家庭农场、专业合作社等新型农业经营主体，发展多种形式的农业规模经营和社会化服务，有利于有效化解这些新问题和新挑战，保障我国农业健康发展。

第三节　新型农业经营体系的构建对策

一、构建新型农业经营体系面临的任务

(一) 推进现代农业经营

当前，我国耕地、淡水资源不断减少，农业劳动力素质结构性下降，在工业化城镇化背景下，生产要素也出现了加速向城市流动的态势，而农产品需求则持续刚性增长。这就要求我们在坚持农村基本经营制度的基础上，发展适度规模经营。一方面高效利用耕地、淡水、劳动力等传统要素；另一方面积极引入资金、

管理、技术等先进要素，不断推进现代农业经营水平。

（二）发展农村集体经济

新型农业经营体系是对农村基本经营制度的丰富发展，依托各种新型农业经营主体的发展，以建立归属清晰、权能完整、流转顺畅、保护严格的农村集体产权制度为核心，积极推动农村集体产权制度改制，着力探索市场化程度高、规模化效应大、利益分配合理、农民获益明显的农村集体经济新型经营模式，为农村持续发展、农民收入持续增长提供有力的支撑，探索一条富民强村的发展新路。

（三）创新农村社会管理

随着社会的发展，我国现阶段的农村社会呈现出了新的局面，农村劳动力大量流动，农户兼业化、村庄空心化、人口老龄化等趋势明显，农民利益诉求多元，因此，加强和创新农村社会管理势在必行。农民合作社、龙头企业等新型农业经营主体是创新农村社会管理的有效载体。我们应该加大力度，切实提高其引领带动能力和市场竞争能力，不断推进农村基层民主政治建设，提高农村社会管理科学化水平，建立健全符合国情、规范有序、充满活力的乡村治理机制。

（四）保障粮食和食品安全

近年来，我国农产品对外依存度明显提高，按照粮食生产要坚持稳定面积、优化结构、主攻单产的总要求，加快构建现代农业产业体系，并强化农业物质技术装备。要通过培育和壮大农业经营主体，充分激发农村生产要素潜力，提高农产品的产量和质量，保障粮食和食品安全。

二、构建新型农业经营体系的具体措施

（一）细化分工，多元化培育经营主体

构建新型农业经营体系，要坚持以农民为主体，细化社会分

工，多元化培育经营主体，其重点是加快培育新型农业经营主体这支骨干力量，注重发挥各类主体的比较优势以及对小规模农户的带动作用，形成有规模生产能力、质量保证能力和风险应对能力的市场经营主体。一是鼓励农业专业大户和家庭农场的发展。专业大户、家庭农场作为规模化生产主体，承担着农产品生产尤其是商品生产的功能，以及发挥对小规模农户的示范效应。应注重引导其向采用先进科技和生产手段的方向转变，增加技术、资本等生产要素投入，着力提高集约化水平。二是通过组建农民合作社联合社或联合会，发挥其带动散户、组织大户、对接企业、联结市场的功能，提高农民组织化程度。三是推动农业龙头企业做大做强，发挥他们引导和带动作用，更多承担农产品加工和市场营销的功能，并为农户提供产前、产中、产后的各类生产性服务。四是发展农业产业园区。要通过打造和发挥农业产业园区的产业集聚功能，使之成为我国农业发展的基地和平台，加快推动传统农业转型升级。

（二）点面结合，努力促进农业规模化经营

一是农业规模化经营必须尊重农户意愿。农业规模化经营必须以确保农民利益，尊重农户的意愿为前提，创新方式和手段，积极引导、鼓励农民实现规模经营，不可“一刀切”甚至“运动式”发展。二是农业规模化经营必须适度。农业适度规模经营的核心是实现各种生产要素的协同效应，使其发挥各自最大的生产潜力，所以规模经营不能盲目追求规模而应注重度的把握，审视生产要素的配置是否合理。三是农业规模化经营应当覆盖农业生产的所有环节。农业规模化经营不仅仅是土地集中规模经营，而且应当从农业生产的整个链条来认识农业规模化经营，不仅是要创造条件鼓励土地向农业大户、家庭农场和农民合作社流转，而且产前、产中和产后其他重要环节都可以规模化经营。四是农业规模化经营的推进应当逐步进行。农业规模化经营的发展是一个过程，是建立在工业化、城镇化和农业现代化基础上的逐步地、稳妥地推进，如果没有产业对就业的支撑和城市对人口的容纳，快速推进农业规模化经营可能会带来一系列社会问题。

（三）抓大促小，大力加强农业社会化服务

目前，从总体上看，我国农业社会化服务能力弱、服务领域有欠缺、服务对接机制不完善等问题还比较突出，亟待完善机制，提升农业社会化服务水平，使农民享受到低成本、便利化、全方位的社会化服务。一是要构建全程化的农业社会化服务体系。涉及农业产前、产中、产后等多个环节，包括农业科技服务、农业生产服务、农业基础设施服务、农村经营管理服务、农村商品流通服务、农村金融服务、农村信息服务、农产品质量安全服务等多个方面。二是要注重公益性服务机构与经营性服务机构相结合。农业社会化服务机制的构建，不仅要积极培育农业经营性服务组织，引导经营性组织参与公益性服务，而且也需要强化农业公益性服务体系，不断提升公益性服务机构的服务能力。三是促进专项服务与综合服务相协调。从农业社会化服务内容来看，无论是供给方还是需求方，都有着专项服务和综合服务之分，所以不仅要注意信息、法律、科技等专项服务的提升，还要搭建区域性农业社会化服务综合平台，整合资源建设乡村综合服务社和服务中心，促进专项服务与综合服务的协调发展。

（四）重中之重，建设新型农业经营人才队伍

近年来，我国在新型职业农民培养以及农业高素质人才的引进上取得了一定成效，但与新型农业经营体系的需求相比差距还很大。因此，要加强新型农业经营人才建设。一是培训新型职业农民。制定中长期新型职业农民培养规划，出台明确的扶持政策，拿出专项资金，统筹农业、财政、人事等部门力量，开展多

种形式农民技术培训，成立农业专家服务指导机构，着重将一批传统农业生产经营者培养成为懂技术、有市场头脑、有较高文化素质的新型职业农民。二是积极引进外部优秀人才。从政府补贴、社会保障、项目扶持、金融服务、土地流转等方面创新制度，制定优惠政策，吸引富有创新精神、专业知识较强的大中专毕业生、专业技术人员等扎根农村、投身农业。三是大力发展农业职业教育。以现代农业人才支撑计划为抓手，深入实施高素质农业人才培养工程，与高等院校、科研机构进行合作，大力发展农业职业教育，积极开展定向委托培养，培养大批农村实用人才、农业管理人才和农业高科技人才。

第二章　新型农业经营和服务主体培育

第一节　新型农业经营和服务主体培育的意义

新型农业经营主体和服务主体包括家庭农场、农民合作社和农业社会化服务组织。加快培育发展新型农业经营主体和服务主体是一项重大战略，对于推进农业现代化、实现乡村全面振兴意义重大。

一、破解“未来谁来种地”问题的迫切需要

随着新型工业化、信息化、城镇化进程加快，农村劳动力大量进入城镇就业，农村 2 亿多承包农户就业和经营状态不断发生变化，“未来谁来种地、怎样种好地”问题日益凸显。家庭农场、农民合作社、农业社会化服务组织等各类新型农业经营主体和服务主体根植于农村，服务于农户和农业，在破解谁来种地难题、提升农业生产经营效率等方面发挥着越来越重要的作用。

二、实现乡村产业兴旺的迫切需要

乡村振兴的基础是产业，实现产业兴旺迫切需要加快培育新型农业经营主体和服务主体，培养一批高素质农民，吸引人才服务于农业和农村，积极优化农业资源要素配置，推进农村一二三产业融合，实现农业高质量发展，夯实乡村全面振兴的产业基础。

三、培育农业农村新动能的迫切需要

深化农业供给侧结构性改革，培育农业农村发展新动能，是推动农业农村发展再上新台阶的重大举措。新型农业经营主体和服务主体对市场反应灵敏，对新品种新技术新装备采用能力强，具有从事绿色化生产、集约化经营的优势，具有从事新产业新业态新模式的创新精神，是促进农业农村发展的重要动能源泉。

四、促进小农户和现代农业有机衔接的迫切需要

新型农业经营主体和服务主体与小农户密切关联，是带动小农户的主体力量。加快培育新型农业经营主体和服务主体，要以家庭农场、农民合作社和社会化服务组织为重点，不断提升生产经营水平，增强服务和带动小农户能力，保护好小农户利益，把小农户引入现代农业发展大格局。

第二节　新型农业经营和服务主体培育的现状

一、培育成效初步显现

近年来，各级政府出台支持政策，加大资金投入，鼓励社会力量积极参与新型农业经营主体和服务主体培育发展，加快构建以农户家庭经营为基础、合作与联合为纽带、社会化服务为支撑的立体式复合型现代农业经营体系。各类新型农业经营主体和服务主体不断创新模式，辐射带动小农户，促进农业规模经营稳步发展，推动新品种新技术新装备加快应用，成为乡村振兴的重要推动力量。

整体数量快速增长。截至 2018 年底，全国家庭农场达到近

60 万家，其中县级以上示范家庭农场达到 8.3 万家。全国依法登记的农民合作社达到 217.3 万家，是 2012 年底的 3 倍多，其中县级以上示范社达到 18 万多家。全国从事农业生产托管的社会化服务组织数量达到 37 万个。各类新型农业经营主体和服务主体快速发展，总量超过 300 万家，成为推动现代农业发展的重要力量。

发展质量不断提升。截至 2018 年底，全国家庭农场经营土地面积 1.62 亿亩（1 亩≈667 m^2），家庭农场的经营范围逐步走向多元化，从粮经结合，到种养结合，再到种养加一体化，一二三产业融合发展，经济实力不断增强。农民合作社规范化水平不断提升，依法按交易量（额）分配盈余的农民合作社数量约是 2012 年的 2.5 倍，3.5 万家农民合作社创办加工实体，近 2 万家农民合作社发展农村电子商务，7 300多家农民合作社进军休闲农业和乡村旅游。全国以综合托管系数计算的农业生产托管面积为 3.64 亿亩，实现了集中连片种植和集约化经营，节约了生产成本，增加了经营效益。

带动效果越发明显。截至 2018 年底，全国各类家庭农场年销售农产品总值 1 946.2亿元，平均每个家庭农场 32.4 万元。农民合作社在按交易量（额）返还盈余的基础上，平均为每个成员二次分配 1 400多元，全国有 385.1 万个建档立卡贫困户加入了农民合作社。全国农业生产托管服务组织的服务对象数量达到 4 630万个（户）。越来越多的新型农业经营主体和服务主体与小农户形成了紧密的利益联结机制，逐步把小农户引入现代农业发展轨道。

引领作用持续发挥。新型农业经营主体和服务主体对市场反应灵敏，能够根据市场需求组织农产品标准化、品牌化生产，加强质量安全管控，注重产销对接，促进了农业种养结构调整优化，推动了农村一二三产业融合发展，带动了农业劳动生产率不断提升。据调查，全国返乡下乡“双创”人员已达700多万人，大多领办或参与新型农业经营主体和服务主体，其中80%以上从事新产业新业态新模式和产业融合发展项目，50%以上运用了智慧农业、遥感技术等现代信息手段。

二、短板制约依然突出

当前我国新型农业经营主体和服务主体培育虽取得显著成效，但依旧存在发展不平衡、不充分、实力不强等问题，面临的诸多短板和制约依然突出，难以满足乡村振兴和农业农村现代化的要求。从自身发展水平看，基础设施落后、经营规模偏小、集约化水平不高、产业链条不完整、经营理念不够先进等问题依然存在。发展区域性不平衡问题比较突出。家庭农场仍处于起步发展阶段，部分农民合作社运行不够规范，社会化服务主体服务能力不足、服务领域拓展不够。从外部环境看，各类新型农业经营主体和服务主体融资难、融资贵、风险高等问题仍然突出，财税、金融、用地等扶持政策不够具体，倾斜力度不够，各地农业农村部门指导服务能力亟待提升。

第三节 新型农业经营和服务主体培育的政策

一、加强财政投入

各级农业农村部门要积极争取将新型农业经营主体和服务主体纳入财政优先支持范畴，加大投入力度。统筹整合资金，综合采用政府购买服务、以奖代补、先建后补等方式，加大对新型农业经营主体和服务主体的支持力度，推动由新型农业经营主体和服务主体作为各级财政支持的各类小型项目建设管护主体。鼓励有条件的新型农业经营主体和服务主体参与实施高标准农田建设、农技推广、现代农业产业园等涉农项目。农机购置补贴等政策加大对新型经营主体和服务主体的支持力度。积极争取新型农业经营主体和服务主体有关税收优惠政策。

二、创新金融保险服务

鼓励各金融机构结合职能定位和业务范围，对新型农业经营主体和服务主体提供资金支持。鼓励地方搭建投融资担保平台，引导和动员各类社会力量参与新型农业经营主体和服务主体培育工作。推动农业信贷担保体系创新开发针对新型农业经营主体和服务主体的担保产品，加大担保服务力度，着力解决融资难、融资贵问题。鼓励发展新型农村合作金融，稳步开展农民合作社内部信用合作试点。推动建立健全农业保险体系，探索从覆盖直接物化成本逐步实现覆盖完全成本。推动开展中央财政对地方优势特色农产品保险奖补试点。鼓励地方建立针对新型农业经营主体和服务主体的特色优势农产品保险制度，发展农业互助保险。鼓励各地探索开展产量保险、气象指数保险、农产品价格和收入保险等保险责任广、保障水平高的农业保险品种，满足新型农业经营主体和服务主体多层次、多样化风险保障需求。

三、推动用地政策落实

积极推动落实设施农业用地政策，保障新型农业经营主体和服务主体合理用地需求。在国土空间规划批准实施前，须在符合土地利用总体规划的前提下，推动各地通过调整优化村庄用地布局、有效利用存量建设用地等支持新型农业经营主体和服务主体发展。

四、强化人才支撑

鼓励返乡下乡人员领办创办新型农业经营主体和服务主体，鼓励支持各类人才到新型农业经营主体和服务主体工作。鼓励各地通过政府购买服务方式，委托专业机构或专业人才为新型农业经营主体和服务主体提供政策咨询、生产控制、财务管理、技术指导、信息统计等服务。推动普通高校和涉农职业院校设立相关专业或专门课程，为新型农业经营主体和服务主体培养专业人才。鼓励各地开展新型农业经营主体和服务主体国际交流合作。

五、提升数字技术应用水平

按照实施数字乡村发展战略和数字农业农村发展规划的总体部署，以数字技术与农业农村经济深度融合为主攻方向，加快农业农村生产经营、管理服务数字化改造，全面提升农业农村生产智能化、经营网络化、管理高效化、服务便捷化水平，用数字化驱动新型农业经营主体和服务主体高质量发展。鼓励各地利用新型农业经营主体信息直报系统，推进相关涉农信息数据整合和共享，运用互联网和大数据信息技术，为新型农业经营主体和服务主体有效对接信贷、保险等提供服务。鼓励返乡入乡人员利用数字技术创新创业。

中篇　带头人素养培训

第三章　农业农村政策与法律法规

第一节　农业农村支农政策

为便于农业经营和服务主体带头人了解国家强农惠农政策，发挥政策引导作用，现对 2022 年农业农村部、财政部实施的重点支农政策介绍如下。

一、粮食生产支持

（一）实际种粮农民一次性补贴

为适当弥补农资价格上涨增加的种粮成本支出，保障种粮农民合理收益，2022 年中央财政继续对实际种粮农民发放一次性农资补贴，释放支持粮食生产积极信号，稳定农民收入，调动农民种粮积极性。补贴对象为实际承担农资价格上涨成本的实际种粮者，包括利用自有承包地种粮的农民，流转土地种粮的大户、家庭农场、农民合作社、农业企业等新型农业经营主体，以及开展粮食耕种收全程社会化服务的个人和组织，确保补贴资金落实到实际种粮的生产者手中，提升补贴政策的精准性。补贴标准由各地区结合有关情况综合确定，原则上县域内补贴标准应统一。

（二）农机购置与应用补贴

开展农机购置与应用补贴试点，开展常态化作业信息化监测，优化补贴兑付方式，把作业量作为农机购置与应用补贴分步兑付的前置条件，为全面实施农机购置与应用补贴政策夯实基础。推进补贴机具有进有出、优机优补，推进北斗智能终端在农业生产领域应用。支持开展农机研发制造推广应用一体化试点。

（三）重点作物绿色高质高效行动

聚焦围绕粮食和大豆油料作物，集成推广新技术、新品种、新机具，打造一批优质强筋弱筋专用小麦、优质食味稻和专用加工早稻、高产优质玉米的粮食示范基地，同时集成示范推广高油高蛋白大豆、“双低”油菜等优质品种和区域化、标准化高产栽培技术模式，打造一批大豆油料高产攻关田，示范带动大范围均衡增产。适当兼顾蔬菜等经济作物，建设绿色高质高效示范田和品质提升基地。

（四）农业生产社会化服务

聚焦粮食和大豆油料生产，支持符合条件的农民合作社、农村集体经济组织、专业服务公司和供销合作社等主体开展社会化服务，推动服务带动型规模经营发展。支持各类服务主体集中连片开展单环节、多环节、全程托管等服务，提高技术到位率、服务覆盖面和补贴精准性，推动节本增效和农民增收。

（五）基层农技推广体系改革与建设

聚焦粮食稳产增产、大豆油料扩种、农产品有效供给等重点，根据不同区域自然条件和生产方式，示范推广重大引领性技术和农业主推技术，推动农业科技在县域层面转化应用。继续实施农业重大技术协同推广，激发各类推广主体活力，建立联动示范推广机制。继续实施农技推广特聘计划，通过政府购买服务等方式，从乡土专家、新型农业经营主体、种养能手中招募特聘农技（动物防疫）员。

（六）玉米大豆生产者补贴、稻谷补贴和产粮大县奖励

国家继续实施玉米和大豆生产者补贴、稻谷补贴和产粮大县

奖励等政策，巩固农业供给侧结构性改革成效，保障国家粮食安全。

二、耕地保护与质量提升

(一) 耕地地力保护补贴

补贴对象原则上为拥有耕地承包权的种地农民，补贴资金通过“一卡（折）通”等形式直接兑现到户，严禁任何方式统筹集中使用，严防“跑冒滴漏”，确保补贴资金不折不扣发放到种地农民手中。按照《财政部办公厅 农业农村部办公厅关于进一步做好耕地地力保护补贴工作的通知》要求，探索耕地地力保护补贴发放与耕地地力保护行为相挂钩的有效机制，加大耕地使用情况的核实力度，做到享受补贴农民的耕地不撂荒、地力不下降，切实推动落实“藏粮于地”战略部署，遏制耕地“非农化”。

(二) 高标准农田建设

按照“统一规划布局、统一建设标准、统一组织实施、统一验收考核、统一上图入库”五个统一的要求，2022 年在全国建设高标准农田 1 亿亩，重点加大对粮食主产省支持。按照《全国高标准农田建设规划（2021—2030 年）》，因地制宜实施田块整治、土壤改良、灌溉和排水、田间道路、农田输配电等建设内容，加强农业基础设施建设，提高农业综合生产能力。

(三) 东北黑土地保护

继续聚焦黑土地保护重点县，集中连片开展东北黑土地保护利用，重点推广秸秆还田与“深翻+有机肥还田”等综合技术模式，推进国家黑土地保护工程标准化示范。坚持“稳步扩面、质量为先”，针对玉米、大豆、小麦等旱作作物，支持推广应用秸秆覆盖免（少）耕播种等关键技术，持续优化定型技术模式，稳步扩大实施面积，鼓励整乡整村整建制推进，加快高标准示范应用基地建设。

（四）耕地质量保护与提升

在部分耕地酸化、盐碱化较严重区域，试点集成推广施用土壤调理剂、绿肥还田、耕作压盐、增施有机肥等治理措施。在西南、华南等地区，因地制宜采取品种替代、水肥调控、农业废弃物回收利用等环境友好型农业生产技术，加强生产障碍耕地治理，克服农产品产地环境障碍，提升农产品质量安全水平。支持做好第三次全国土壤普查试点、补充耕地质量评价试点、肥料田间试验、施肥情况调查、肥料利用率测算等工作。加大施肥新产品新技术新机具集成推广力度，优化测土配方施肥技术推广机制，扩大推广应用面积、提高覆盖率。通过施用草木灰、叶面喷施、绿肥种植、增施有机肥等替代部分化肥投入，降低农民用肥成本。

（五）耕地轮作休耕

立足资源禀赋、突出生态保护、实行综合治理，进一步探索科学有效轮作模式。在东北、黄淮海等地区实施粮豆轮作，在西北、黄淮海、西南和长江中下游等适宜地区推广玉米大豆带状复合种植，在长江流域实施一季稻+油菜、一季稻+再生稻+油菜轮作，在双季稻区实施稻油轮作，在北方农牧交错区和新疆次宜棉区推广棉花、玉米等与花生轮作或间套作。继续在河北地下水漏斗区、新疆塔里木河流域地下水超采区实施休耕试点，休耕期间重点采取土壤改良、地力培肥等措施。

（六）耕地深松

以提高土壤蓄水保墒能力为目标，支持在适宜地区开展深松（深耕）整地作业，促进耕地质量改善和农业综合生产能力提升。深松（深耕）作业深度一般要求达到或超过 25 cm，具体技术模式、补助标准和作业周期由各地因地制宜确定。充分利用信息化监测手段保证作业质量，提高监管工作效率，鼓励扩大作业监测范围。

三、种业创新发展

（一）种质资源保护

继续支持符合条件的国家畜禽遗传资源保种场、保护区和基因库等国家级畜禽遗传资源保护品种保护单位开展畜禽遗传资源保护，支持符合条件的国家畜禽核心育种场、种公畜站、奶牛生产性能测定中心等开展种畜禽和奶牛生产性能测定工作。

（二）畜牧良种推广

在主要草原牧区省份对项目区内符合条件的养殖场（户）给予适当补助，支持牧区畜牧良种推广。在生猪大县对符合条件的生猪养殖场（户）给予适当补助，加快生猪品种改良。支持开展蜜蜂遗传资源保护利用，完善蜜蜂良种繁育体系，改善养殖设施装备水平，开展农作物高效蜂授粉试点。

（三）制种大县奖励

扩大水稻、小麦、玉米、大豆、油菜制种大县支持范围，将九省棉区棉花制种大县纳入奖励范围，提高农作物良种覆盖面，提升核心种源保障能力，促进种业转型升级，实现高质量发展。

四、畜牧业健康发展

（一）奶业振兴行动

择优支持奶业大县发展奶牛标准化规模养殖，推广应用先进智能设施装备，推进奶牛养殖和饲草料种植配套衔接，选择有条件的奶农、农民合作社依靠自有奶源开展养加一体化试点，示范带动奶业高质量发展。实施苜蓿发展行动，支持苜蓿种植、收获、运输、加工、储存等基础设施建设和装备提升，增强苜蓿等优质饲草料供给能力。

(二) 粮改饲

以农牧交错带和黄淮海地区为重点，支持规模化草食家畜养殖场（户）、企业或农民合作社以及专业化饲草收储服务组织等主体，收储使用青贮玉米、苜蓿、饲用燕麦、黑麦草、饲用黑麦、饲用高粱等优质饲草，通过以养带种的方式加快推动种植结构调整和现代饲草产业发展。各地可根据当地养殖传统和资源情况，因地制宜将有饲用需求的区域特色饲草品种纳入范围。

(三) 肉牛肉羊增量提质行动

进一步扩大项目实施范围，在吉林、山东、河南、云南等19个省（自治区），选择产业基础相对较好的牛（羊）养殖大县，支持开展基础母牛扩群提质和种草养牛养羊全产业链发展。

(四) 生猪（牛羊）调出大县奖励

包括生猪调出大县奖励、牛羊调出大县奖励和省级统筹奖励资金。生猪调出大县奖励资金和牛羊调出大县奖励资金由县级人民政府统筹安排用于支持本县生猪（牛羊）生产流通和产业发展，省级统筹奖励资金由省级人民政府统筹安排用于支持本省（自治区、直辖市）生猪（牛羊）生产流通和产业发展。

五、农业全产业链提升

(一) 农业产业融合发展

统筹布局建设一批国家现代农业产业园、优势特色产业集群和农业产业强镇。重点围绕保障国家粮食安全和重要农产品有效供给，聚焦稻谷、小麦、玉米、大豆、油菜、花生、牛羊、生猪、淡水养殖、天然橡胶、棉花、食糖、奶业、种业、设施蔬菜等重要农产品，适当兼顾其他特色农产品，构建以产业强镇为基础、产业园为引擎、产业集群为骨干，省县乡梯次布局、点线面协同推进的现代乡村产业体系，整体提升产业发展质量效益和竞争力。

（二）农产品产地冷藏保鲜设施建设

重点围绕蔬菜、水果等鲜活农产品，兼顾地方优势特色品种，合理布局建设农产品产地冷藏保鲜设施，采取“先建后补、以奖代补”方式，择优支持蔬菜、水果等产业重点县开展整县推进。依托县级及以上示范家庭农场和农民合作社示范社、已登记的农村集体经济组织实施，重点支持建设通风储藏设施、机械冷藏库、气调冷藏库，以及预冷设施设备和其他配套设施设备。

（三）农产品地理标志保护工程

围绕生产标准化、产品特色化、身份标识化和全程数字化，完善相关标准和技术规范，支持开展地理标志农产品特色种质保存、特色品质保持和特征品质评价，推进全产业链生产标准化，挖掘农耕文化，加强宣传推介，强化质量安全监管和品牌打造，推动地理标志农产品产业发展。

六、新型经营主体培育

（一）高素质农民培育

统筹推进新型农业经营服务主体能力提升、种养加能手技能培训、农村创新创业者培养、乡村治理及社会事业发展带头人培育。继续开展农村实用人才带头人和到村任职选调生培训。启动实施乡村产业振兴带头人培育“头雁”项目，打造一支与农业农村现代化相适应，能够引领一方、带动一片的乡村产业振兴带头人“头雁”队伍。

（二）新型农业经营主体高质量发展

支持县级及以上农民合作社示范社和示范家庭农场改善生产经营条件，规范财务核算，应用先进技术，推进社企对接，提升规模化、集约化、信息化生产能力。着力加大对从事粮食和大豆油料种植的家庭农场和农民合作社、联合社支持力度。鼓励各地加强新型农业经营主体辅导员队伍和服务中心建设，可通过政府购买服务方式，委托其为家庭农场和农民合作社提供技术指导、产业发展、财务管理、市场营销等服务。鼓励各地开展农民合作社质量提升整县推进。

（三）农业信贷担保服务

重点服务家庭农场、农民合作社、农业社会化服务组织、小微农业企业等农业适度规模经营主体。服务范围限定为农业生产及与其直接相关的产业融合项目，加大对粮食和大豆油料生产、乡村产业发展等重点领域的信贷担保支持力度，助力农业经营主体信贷直通车常态化服务，提升数字化、信息化服务水平。在有效防范风险的前提下，加快发展首担业务。中央财政对省级农担公司开展的符合“双控”要求的政策性农担业务予以奖补，支持其降低担保费用和应对代偿风险。

七、农业资源保护利用

（一）草原生态保护补助奖励

在河北、山西、内蒙古、辽宁、吉林、黑龙江、四川、云南、西藏、甘肃、青海、宁夏、新疆等13省（自治区）及新疆生产建设兵团、北大荒农垦集团有限公司实施草原生态保护补助奖励政策，补奖资金用于支持实施草原禁牧、推动草畜平衡，有条件的地方可用于推动生产转型，提高草原畜牧业现代化水平。

对农牧民的补助奖励资金，要通过“一卡（折）通”等方式及时足额发放给农牧民。

（二）渔业发展补助

聚焦渔业资源养护、纳入国家规划的重点项目以及促进渔业安全生产等方面，重点支持建设国家级海洋牧场、现代渔业装备设施，以及国家级沿海渔港经济区、远洋渔业基地等公益性基础设施更新改造和整治维护，开展集中连片内陆养殖池塘标准化改造和尾水治理，实施渔业资源调查养护和国际履约能力提升奖补等。支持实施渔业资源养护，继续在流域性大江大湖、界江界河、资源退化严重海域等重点水域开展渔业增殖放流，促进恢复或增加渔业种群的数量，改善和优化水域的渔业种群结构。

（三）绿色种养循环农业试点

继续在符合条件的试点县整县开展绿色种养循环农业试点，支持企业、专业化服务组织等市场主体提供粪肥收集、处理、施用服务，带动县域内畜禽粪污基本还田，打通种养循环堵点，推动化肥减量化，促进畜禽粪污资源化利用和农业绿色发展。

（四）农作物秸秆综合利用

以秸秆资源量较大的县（市、区）为重点实施区域，培育壮大秸秆利用市场主体，完善收储运体系，加强资源台账建设，健全监测评价体系，强化科技服务保障，培育推介一批秸秆产业化利用典型模式，形成可推广、可持续的产业发展模式和高效利用机制，提升秸秆综合利用水平。

（五）地膜科学使用回收

在河北、内蒙古、辽宁、山东、河南、四川、云南、甘肃、新疆等9省（自治区）及新疆生产建设兵团、北大荒农垦集团有限公司，支持引导农户、种植大户、合作社及地膜生产回收企业等实施主体，科学推进加厚高强度地膜使用，有序推广全生物降解地膜。推广地膜高效科学覆盖技术，降低使用强度。严格补贴地膜准入条件，禁止使用不达标地膜。加快构建废旧地膜污染治理长效机制，有效提高地膜科学使用回收水平。

八、农业防灾减灾

(一) 农业生产救灾

中央财政对各地农业重大自然灾害及农业生物灾害的预防控制和灾后恢复生产工作给予适当补助。支持范围包括农业重大自然灾害预防及农业生物灾害防控所需的物资材料补助，恢复农业生产措施所需的物资材料补助，牧区抗灾保畜所需的储草棚(库)、牲畜暖棚和应急调运饲草料补助等。支持小麦促弱转壮，支持实施小麦“一喷三防”。

(二) 动物疫病防控

中央财政对动物疫病强制免疫、强制扑杀和销毁、养殖环节无害化处理工作给予补助。强制免疫补助经费主要用于开展口蹄疫、高致病性禽流感、小反刍兽疫、布鲁氏菌病、棘球蚴病等动物强制免疫疫苗（驱虫药物）采购、储存、注射（投喂）以及免疫效果监测评价、人员防护等相关防控工作，以及对实施和购买动物防疫服务等予以补助；继续对符合条件的养殖场户实施强制免疫“先打后补”。国家对在动物疫病预防、控制、净化、消灭过程中强制扑杀的动物、销毁的动物产品和相关物品的所有者给予补偿，补助经费由中央财政和地方财政共同承担。国家对养殖环节病死猪无害化处理予以支持，由各地根据有关要求，结合当地实际，完善无害化处理补助政策，切实做好养殖环节无害化处理工作。

(三) 农业保险保费补贴

在地方财政自主开展、自愿承担一定补贴比例基础上，中央财政对稻谷、小麦、玉米、棉花、马铃薯、油料作物、糖料作物、天然橡胶、能繁母猪、育肥猪、奶牛、森林、青稞、牦牛、藏系羊，以及三大粮食作物制种保险给予保费补贴支持。加大农业保险保费补贴支持力度，中央财政对中西部和东北地区的种植业保险保费补贴比例由35%或40%统一提高至45%，实现三大粮食作物完全成本保险和种植收入保险主产省产粮大县全覆盖。将中央财政对地方优势特色农产品保险奖补政策扩大至全国。继续开展“保险+期货”试点。

九、农村人居环境整治

因地制宜推进农村改厕。支持实施农村厕所革命整村推进财政奖补政策，分类有序推进农村厕所革命。充分发挥农民群众主体作用，加强农村改厕和农村生活污水治理统筹衔接，着力建立健全运行管护机制，切实提高农村改厕质量，务求长效管用。

第二节　农业基本法规

一、农业农村法律体系框架

改革开放以来，依照《中华人民共和国宪法》我国在调整农民、农业和农村各类社会关系方面，已先后制定和修改了《中华人民共和国农业法》等20多部法律、70多部行政法规以及相关的一系列法律法规。一个具有中国特色的农业、农村法律制度框架已初步形成，在“三农”方面基本做到了有法可依。

从立法效力关系上进行界定，我国农业、农村法律体系框架构成可以分为5个部分。

(1)《中华人民共和国农业法》。《中华人民共和国农业法》

作为农业基本法，主要就农业和农村经济的基本制度和农业发展的一些方向性问题进行较为原则性的规定。

(2) 专业法律。专业法律是就农业和农村经济中的特定经济关系或某个领域的基本问题进行规定的与《中华人民共和国农业法》相配套的专门法律。

(3) 行政法规。行政法规为实施专门法律而制定的配套性行政法规和法律没有或没有明确的具体规定，凡涉及全国性农业和农村经济中的重大具体问题或涉及重大方针、政策性具体问题或涉及几个部门的具体问题，由国务院以行政法规加以规定。

(4) 地方性法规。地方性法规为保证宪法、法律和行政法规在本区域的有效实施和规范本区域农业和农村经济中的特殊经济关系或基本问题而制定的地方性法规。

(5) 部门规章（或称部门行政规章）和地方规章（或称地方行政规章）。部门规章在全国普遍适用，而地方规章则只适用本区域范围。

二、《中华人民共和国农业法》

《中华人民共和国农业法》包括13章内容，即总则、农业生产经营体制、农业生产、农产品流通与加工、粮食安全、农业投入与支持保护、农业科技与农业教育、农业资源与农业环境保护、农民权益保护、农村经济发展、执法监督、法律责任、附则。《中华人民共和国农业法》体现了“确保基础地位，增加农民收入”的总体精神，对保障农业在国民经济中的基础地位，发展农村社会主义市场经济，维护农业生产经营组织和农业劳动者的合法权益，促进农业的持续、稳定、协调发展，实现农业现代化，起到了重要的作用。

三、与农业相关的其他法律制度

(一) 农产品生产与经营法律制度

包括《中华人民共和国农业技术推广法》《中华人民共和国种子法》《肥料登记管理办法》《农药管理条例》《饲料和饲料添加剂管理条例》《兽药管理条例》《农业机械安全监督管理条例》《中华人民共和国食品安全法》《中华人民共和国农产品质量安全法》《中华人民共和国动物防疫法》《中华人民共和国进出境动植物检疫法》《植物检疫条例》《种畜禽管理条例》《乳品质量安全监督管理条例》《中华人民共和国农民专业合作社法》《中华人民共和国合伙企业法》《中华人民共和国合同法》。

(二) 农业知识产权法律制度

包括《中华人民共和国专利法》《中华人民共和国植物新品种保护条例》《中华人民共和国商标法》《中华人民共和国反不正当竞争法》《地理标志产品保护规定》《农产品地理标志管理办法》等。

(三) 农村土地承包与纠纷解决法律制度

包括《中华人民共和国物权法》《中华人民共和国农村土地承包法》《中华人民共和国农村土地承包经营纠纷调解仲裁法》等。

(四) 农业资源与环境保护法律制度

包括《中华人民共和国土地管理法》《中华人民共和国森林法》《中华人民共和国草原法》《中华人民共和国渔业法》《中华人民共和国水法》《中华人民共和国水土保持法》《中华人民共和国水污染防治法》《中华人民共和国野生动物保护法》《中华人民共和国防沙治沙法》等法律，以及《基本农田保护条例》

《草原防火条例》《水产资源繁殖保护条例》《中华人民共和国野生植物保护条例》《森林采伐更新管理办法》《野生药材资源保护管理条例》《森林防火条例》《森林病虫害防治条例》《中华人民共和国陆生野生动物保护实施条例》等行政法规。

第四章　农业生产管理

第一节　种植业的生产管理

一、农作物种植的生产管理

农作物生产是种植业生产部门的主要组成部分。大田栽培的粮食作物、经济作物、饲料作物都属于农作物生产的范围。科学合理地安排农作物种植制度，对于提高农作物经济效益，维护生态平衡，提高地力和防治病虫害有重要意义。

（一）农作物的生产特点

农作物生产过程是自然再生产与经济再生产相结合的过程，必须按自然规律和经济规律去组织生产。农作物生产的特点主要表现如下。

1. 农作物生产以土地为基础

土地是农作物生产不可替代的生产资料。土地本身具有独特的特性肥力，而且数量有限。土地在科学合理使用下，其肥力可以得到提高。农作物生产要因地种植，实现用地与养地相结合，才能实现农作物持续稳产、高产。

2. 农作物生产的对象是有生命的植物

农作物生产是在大自然中进行的，受到自然界许多因素（土壤、水分、气候、光照等）的影响。因此，农作物生产具有不稳定性和难以控制。农作物通过对光、热、水、肥等的吸收将无机物转变为蛋白质、淀粉和糖分等有机物质，满足人类生活、生产的需要。

3. 农作物生产具有较强的季节性和时间性

生产效果在很大程度上取决于按农事季节完成各项作业的状况。因此，各项作业必须按农事季节去完成。农作物生产的这一特点还影响到其他部门的生产。

4. 农作物生产的生产时间与劳动时间的不一致性

这种不一致性要求把农作物生产与其他一些有关部门的生产恰当地结合起来，以便最大限度地利用自然资源和人力资源。

（二）农作物的生产管理

农作物生产季节性强，周期较长，一般需要经过整地、播种、田间管理和收获等作业过程。在各个阶段中，作业内容不相同，目的要求不同，采用的技术措施与操作方法不相同，所需的劳动量和生产资料也有差别，并且要求在规定的期限内完成作业任务。因此，组织好每个阶段的生产活动是生产过程组织的重要任务，是夺取丰收的关键。

1. 耕作

整地是种植业生产的一项基本工作，它直接影响到以后一系列作业的质量。在耕作工作中为了保证作业质量，首先是做好人力和机具的准备。在以人工畜力为主的条件下，应力求做到精耕细作，达到规定的技术要求。

2. 播种

在种植业生产中，播种工作是一项时间性很强的重要作业。高质量地适时完成作物的播种作业，对农作物的高产起决定性的作用。播种工作的技术要求高，时间限制严，有时还与收获工作同时进行，因而需要加强组织管理，合理调配劳力，有计划地安排作业，以便保证播种工作的顺利完成。

3. 田间管理

田间管理工作是在从播种到收获这一阶段中进行的，这是农作物生长发育和形成产品的过程，这阶段的田间管理工作相当多，如间苗、中耕、培土、除草、施肥、灌水、施药等。这些农活均直接影响到农作物的产量、应严格按照技术要求进行。

4. 收获

这是一项最为繁重和重要的工作，组织好这个阶段的工作才能保证丰产丰收。这个阶段的主要任务是把成熟的庄稼全部收获到手，颗粒归仓，不受损失，同时还要把地及时空出来为下茬作物的及时播种创造有利条件。收获工作可以采用不同的方式进行，手工收割、畜力农具收获、机械收割等。不同的方式有不同的技术操作规程，在进行作业时应严格按操作规程进行，才能提高工作质量和工作效率。当产品收获后，还要注意安全，强化防火、防盗、防雨措施，保证到手的劳动成果不受损失。

农作物生产过程中的作业项目繁多，生产组织工作总的要求是合理使用人力、机器设备等，保证农活质量，符合农艺要求；不违农时，在规定的期限内完成各项作业；注意节省开支，降低作业成本，提高生产的经济效益。

二、蔬菜种植的生产管理

（一）蔬菜的生产特点

蔬菜生产是种植业的一个重要组成部分。因地制宜地发展蔬菜生产，特别是在大城市郊区及工矿区周围发展蔬菜生产，对于保证城镇居民蔬菜的供应、增加菜农的收入都具有重要意义。尽管栽培蔬菜种类繁多，种植方法各异，但蔬菜生产具有如下共同特点。

1. 季节性生产、均衡性消费

这是蔬菜产销工作中的主要矛盾，蔬菜的产品特点决定了人们天天需要消费，而蔬菜生产又受自然条件特别是气候条件影响，具有明显的季节性，因此在市场供应上反映为淡季和旺季。在淡季供不应求，市场紧张，消费者不满；在旺季供过于求，大量返销腐烂，造成浪费，生产者蒙受损失。因此，在蔬菜经营上必须根据这一特点，组织好生产与供应。

2. 种类、品种繁多，茬口安排复杂，复种指数高

蔬菜按食用器官可分为叶菜、根菜、果菜、茎菜、花菜五大类，在每一类中又有若干品种和品系，由于各种类、各品种、各品系的生物学习性各异，生产周期长短不一，故在生产的茬口安排上较其他农作物复杂得多，有的一年多茬，有的多年一茬或一年一茬，其复种指数很高。因此，蔬菜生产必须根据这一特点逐个品种、逐季逐月地安排生产，力争做到均衡生产，均衡上市。

3. 蔬菜不耐储藏，远程运输困难

蔬菜多为鲜嫩产品，含水量大，容易腐烂变质，不耐储藏，大量远程运输困难，可食率低。根据这一特点，要求经营者既能适应它的生命活力，保持它的鲜活度，又能根据产品的理化、生物特性进行科学检验、保鲜储运，以保持产品使用价值，提高产品的可食率，满足消费者对产品鲜嫩的需要。

4. 蔬菜生产的集约化程度高

蔬菜生产与其他农作物比较，其对水肥要求较高，需要投入的劳动和资金也多。因此，根据这一特点，在经营上应实行集约经营方式，以劳动集约、技术集约和资金集约相结合的办法，不断提高蔬菜生产的集约化水平、产量和经营效益。

5. 蔬菜生产的波动性和风险性大

蔬菜生产除对水肥条件要求较高外，还易受旱、涝、病虫

害、霜冻等自然灾害的影响，产量不稳定。波动性大，难于正确估计产量和进行市场预测，不利于市场运销活动的开展，其生产风险和经营风险均大。

6. 蔬菜栽培技术的综合性强

蔬菜栽培包括播种、育苗、移栽、施肥、灌溉等环节，各环节各作业过程都有特殊的技术要求，而且栽培过程涉及有关植物生理生化、遗传、土壤、气象、农业机械、植保等综合技术，难度大，蔬菜生产者难以掌握。

（二）蔬菜均衡生产管理

蔬菜均衡生产是保证蔬菜均衡供应的前提。蔬菜供应不均衡，直接影响消费者和生产者的利益，为此，特提出下列几项措施，以保证蔬菜均衡生产，达到均衡供应的目的。

（1）科学安排露地蔬菜茬口、轮作、品种。

（2）采用先进栽培技术，以提早或推迟上市。

（3）积极推广保护地栽培和温室栽培方式，缩小淡旺季差距。

（4）发展蔬菜储藏加工，建设冷库或速冻车间。

（5）发展高山寒地蔬菜，与平原错开上市。

（6）加强道路建设，建立蔬菜运销绿色通道。

三、果树种植的生产管理

（一）果树的生产特点

果树生产是种植业生产的重要组成部分，在国民经济中占有重要地位。果树生长的生物学特性决定了果树生产具有其他部门所不同的特点，要研究果树生产的组织与管理，就必须了解果树生产的特点。果树生产的特点如下。

1. 果树生产是具有多效益的特点

果树生产不仅为人们提供营养丰富的果类食品，满足消费者日益增长的多种需要，为食品工业、化工工业等国民经济各部门提供原料，在增加集体和果农收入等方面起了重要作用；而且还有改善气候条件，保护生态平衡，美化生活环境等作用。果树生产具有经济、社会、生态方面多效益的特点。

2. 果树生产经济效益高，持续性强，但一次性投资大，资金回收期长

果树多数为多年生植物，生产初期投资大，一般果树投资后需几年才有效益。

3. 果树生产技术复杂

果树生产从育苗、定植、采果到产品的储、运、销等过程涉及一系列复杂的技术问题，而且各个作业过程、各个环节都有不同的技术要求，特别是育种、修剪等技术一般果农难以掌握，严重影响到果树生产的产量。

4. 果树生产的产销矛盾突出

果树生产受自然条件的影响较大，生产的地域性、季节性和年度差异性十分明显，要求果品经营者根据各类果树生产的产销特点、产销规律做好产销协调工作。

5. 果树生产选栽地地域辽阔

果树是一种适应性广的作物，不同果树可以在不同地形、不同土壤、不同气候、不同海拔的广大地域生长和种植，这就有利于我们充分利用国土资源，从而促进立体农业、山地农业、生态农业、创汇农业和庭院经济的发展。

（二）果树的生产管理

根据果树生产的特点、果树生产应做好以下几方面的工作。

1. 果树生产应以市场为导向，政府加以引导

果树生产要因地制宜，立足本地市场，面向全国，考虑国际、适应内外贸易发展的需要。要选好果树品种，成片开发，形

成区域优势，避免一哄而起、盲目扩大栽种面积、重栽轻管等粗放经营现象，做到种一块、管一块、成一块、收效一块。

2. 抓好果树生产主要技术环节的管理工作

果树生产过程包括若干作业环节，各环节作业质量的好坏直接影响到果树的产量和质量，特别是一些主要技术环节对果树生产的影响至关重要。为此，必须抓好果树生产主要技术的管理工作，如合理施肥、病虫害防治、合理修剪等都属主要技术，需加强管理。

3. 做好系列配套服务和采取各种优惠政策

为了保证果树生产顺利发展，必须做好各种服务工作和采取多种优惠政策，如做好运销、信息咨询、技术咨询、技术培训、物资供应等方面的服务工作，提供优惠贷款、减免果树生产初期税收政策，使良好的服务和优惠政策有利于促进果树生产的发展。

4. 公、检、法齐抓共管，维护果树生产者的经济利益

目前各地普遍反映偷盗、哄抢果品事件屡次发生，严重影响了果树生产者的生产积极性，公、检、法各部门应采取坚决措施、保护他们的利益。

第二节 畜牧业的生产管理

一、养猪的生产管理

(一) 养猪场生产管理

1. 猪群类别的划分

在养猪场中，为了有计划地组织生产和更好地根据各类猪的特点进行饲养管理工作，应对不同年龄、体重、性别和用途的猪划分不同的群。这有利于建立合理的劳动组织、实行科学的饲养

管理和编制统计报表。目前养猪生产中将猪群进行如下划分。

（1）哺乳仔猪。指初生到断奶前的仔猪。

（2）断奶仔猪。指断奶后到70日龄左右的幼猪。由于猪的品种变化和饲养管理技术与配料的改进，各规模猪场的猪育成阶段，是指35~70日龄（即8~25 kg）的幼猪。

（3）生长肥育猪。指25~90 kg阶段的肉猪。目前在较大规模、生产水平较高的猪场中，用作商品生产的猪只，母猪不去势，一般采用直线肥育法，生长阶段与肥育阶段难于划分，所以，多称生长肥育猪。但在科研单位，一般以体重大小来区别，25~60 kg阶段称为生长猪，60~90 kg阶段称作肥育猪。

（4）繁殖猪。繁殖猪群包括后备公母猪、鉴定公母猪和成年公母猪（或基础公母猪）。为了不断提高猪群质量，留作种用的猪需经多次鉴定，认为合格者才转入基础群。所以，一般又将繁殖猪较细地分成以下群别：后备猪指从25 kg起到开始配种以前，暂时选留的公猪、母猪，公的叫后备公猪，母的叫后备母猪；鉴定公猪是指8月龄以后参加过配种，但仍待选择的年轻公猪。鉴定母猪是指已产过1~2胎的1岁半左右，但仍待选择的年轻母猪。成年公猪是指经过鉴定合格的1岁半以上的公猪；成年母猪是指经鉴定合格的1岁半以上的母猪。淘汰猪是指失去种用价值的后备或成年公猪、母猪，因久病不愈或因伤致残的生长肥猪。各类猪群在养猪生产总体活动中具有各种不相同的作用。

2. 猪群结构

猪群结构是指各种类别和各种年龄的猪在整个猪群中所占的比例。决定猪场猪群结构的原则。首先，坚持自繁自养，质量可靠又经济。其次，应当特别重视选择品质优良的青壮年公母猪作为基本的繁殖猪群，因为繁殖猪群的更新，不是简单地以青壮年猪只代替生产性能较低猪只的过程，而是猪群质量不断提高的过程。提高猪群的生产性能，是提高产品率和劳动生产率的重要途径，所以必须使品质优良的青壮年母猪与公猪在基础群中保持80%~85%的比例。最后，还要考虑这些基础猪群的品种应适合当地的需要和自然经济条件。

由于猪群扩大再生产的规模、速度与繁殖猪群在整个猪群中所占的比重有很大关系，因此，在任何一个猪场内，首先要保证有一个正常的繁殖群，包括公猪、母猪及后备猪。这3个群在全部猪群中所占比例应以基础母猪群为基础，因为基础母猪是直接生产者，它的比例大小，决定着猪群的增长速度。至于基础母猪占存栏猪的比例多少，应根据养猪场的生产目的而有所不同。公猪和后备猪占猪群的比例，取决于基础母猪的头数。因此，在确定这两类猪群的比例时，可以根据它与基础母猪的比例来推算。公猪与基础母猪的比例，在采用自然交配情况下，一般为1∶(20~30)，如果采用人工授精，公猪数量可大大减少；后备猪为每年应淘汰和补充的基础母猪数的2~3倍，公猪为5~9倍。

3. 猪群的组成和周转

后备猪成熟后（8~9月龄），经配种转为鉴定猪群。公猪经鉴定，生产性能良好的转入基础猪群，不合格者淘汰肥育。鉴定母猪分娩后，根据其产仔情况、哺育情况来确定它是转入基础母猪群中作核心母猪或一般繁殖用，还是淘汰肥育。核心群产的仔猪断乳后，经选择后再转群。基础母猪5岁以后，生产性能降低者淘汰肥育。公猪利用4~5年后，做同样处理。

4. 养猪场生产计划的编制

规模较大的综合性养猪场都要根据生产任务，确定相应的分娩方式，编制交配分娩计划。

养猪场的分娩方式也分为全年陆续分娩和季节性分娩两种，这两种分娩方式各有优缺点，常年分娩有利于猪舍的充分利用，平衡公猪的配种负担，缓和生产的季节性，而季节性分娩可以避开寒暑两季较差的气候条件，提高产仔成活率。同时还可以通过产仔季节的安排，把育肥期安排在青绿饲料充足的季节，以利于育肥猪的生长发育。

(二) 提高养猪场经济效益的主要措施

养猪场的主要生产目的是赢利，其产品应是低成本、高质量、适合市场需要。为此，要提高养猪场的经营效益，既要制定正确的经营决策，使产品具备市场竞争能力，销路通畅，又要采用先进的科学技术，提高产量，降低成本，同时还要抓好生产过程中的经营管理工作。

1. 科学饲养

猪场为适应自己的生产需求，要讲究科学养猪，如饲养良种猪，饲喂全价配合饲料，实行科学管理，掌握适时屠宰出售，提高瘦肉率，适应消费需要。

2. 适度规模经营

农村养猪场规模的大小与经济效益的高低，并不是任何时候都成正比例，只有当生产要素的投入规模与本场经营管理水平相适应，而产品又适销对路时，才能获得最佳经济效益。

3. 掌握市场信息，打开流通渠道

销路不畅，不能按时出售，势必增大饲养成本，减少销售收入。

4. 经营形式灵活多样

一业为主，多种经营有利于发挥养猪场各类劳力和生产设备的作用，有利于各业的调剂，获得综合经营效益。

5. 多层次联合经营

近年来在农村发展产业化过程中，普遍采用“公司+农户”及“联合体经营”的方式，可以汇集生产要素包括资金、技术、饲料、信息等，发挥各自优势。

二、养牛的生产管理

（一）制订牛群周转计划

牛群中由于死、杀、购、销等原因，在一定时间内，牛群结构发生增减变化，牛群结构的这种增减变化称为牛群周转。牛群周转计划是牛场生产的最主要计划，它直接反映年终牛群结构状况，表明生产任务完成情况，它是编制产品计划的基础，也是制订饲料计划、建筑计划、劳力计划等的依据。依据市场销售计划、生产目标、确定牛群周转方式，实行全进全出制或流水循环制，编制出进出牛的批次、数量和时间，写出书面计划和牛群周转表。

（二）制订牛场饲草料计划

编制饲草料计划时，要根据牛群周转计划，按全年牛群的年饲养日数乘以各种饲料的日消耗定额，然后把牛群需要各种饲草料的总数相加，再增加5%～10%的损耗量，即为全年饲草料的总需要量。

（三）制订产品生产计划

编制乳牛场产奶量计划时，必须掌握以下材料：计划年初泌乳母牛头数和去年产犊的时间；计划年母牛和后备母牛分娩的头数与时间，各个母牛泌乳曲线（以纵坐标为泌乳量，横坐标为泌乳日期，绘制成坐标图并连接起来，即为一个乳牛泌乳期的泌乳曲线）。

由于乳牛产奶量受多种因素的影响，计算产奶量时按各个母牛分别计算，然后汇总即为全部产奶量。采取分别计算时，要确定每头产奶母牛一个泌乳期的产奶量和泌乳期各不同月份的产奶量。某头母牛一个泌乳期的产奶量是根据该头母牛上一个泌乳期或以前几个泌乳期的产奶量及计划年由于饲养管理条件的变化因素综合考虑后而确定的。泌乳期各不同月份的产奶量是根据该乳牛以前的泌乳曲线，先计算出泌乳期各月产奶量的百分比，然后再乘以泌乳期的产奶量后得到的。第一次产犊母牛的产奶量可根据它们母系的产奶量记录及其父系的特征等进行估算。

（四）制订技术实施方案

技术是影响规模化养殖场生产好坏的关键，技术水平直接影响牛场的经济效益。因此必须重视新技术的引进、吸收、消化和对职工的技术培训，确保用最新技术指导生产、促进生产。同时要研究市场需求、竞争对手、市场价格和发展趋势，分析运筹牛群的动态平衡，加速周转，利用市场经济规律搞好产销，提高经济效益。

技术方案应包括：职工技术培训计划、各牛舍技术实施要点、技术员工作要点、新技术应用效益检查总结、卫生防疫制度落实措施、定期进行技术经济效果的分析等。

三、养羊的生产管理

（一）羊场的分群管理与羊群结构

规模较大的羊场，羊群按性别、年龄、用途进行分群，一是便于根据不同羊群的特点进行饲养管理；二是便于掌握羊群中各种羊的变动，以利于科学合理地进行畜群再生产。一般羊群可分为羔羊、后备母羊、成年母羊、后备公羊、种公羊、淘汰育肥羊和去势公羊等羊群。实行分群饲养，无论从技术上看还是从经济上看都是必要的。羊群的大小受多种因素影响，其中有羊的品种、年龄、养羊的生产方向以及草原的地形地势、特点、劳动力的多少和经营管理水平的高低等。例如，种羊群一般小于生产群，生产性能高的羊群一般小于生产性能低的羊群；草原地形复杂、植被不良，难于放牧管理的羊群也要小些。羊的分群一般在秋季配种前结合整群进行，整群时将准备淘汰的分出来，然后将该转入各不同羊群的羊只分别转入相应的羊群。

羔羊是指出生后来断奶的小羊，其繁殖成活数的多少与维持羊群再生产有密切关系，因为它是补充各种用途的羊的来源。羔羊的数量多少又与适龄母羊数的多少及繁殖成活率高低有密切关系。羔羊断奶后首先选留后备公羊和后备母羊，其余作为去势羊。后备母羊是用于补充更新成年母羊的，经选种后不符合要求的则去势用于剪毛或育肥，符合要求的交配受孕后即成为成年母羊。成年母羊一般使用6年左右，当牙齿脱落或有不易医治的疾病，即可提前淘汰。后备公羊是专门用于补充更新种公羊的，经选种后不符合要求的也要去势用于剪毛或育肥，符合要求的一般在12~18月龄成熟后开始使用，一般约使用5年，年老后育肥淘汰。

羊群结构是指不同年龄、性别和用途的羊在整个羊群中所占的比重。羊群结构决定于养羊业的生产方向。毛用养羊业主要是为了生产更多的羊毛，一般饲养较多的去势羊，去势羊所占的比例往往较高，而母羊由于产毛量较低，其比例就低些；肉用或肉脂用养羊业，幼羊或去势羊往往育肥至1岁左右就屠宰出售，母羊在羊群中的比例就较高，尤其是采用当年羔羊育肥屠宰出售的季节性生产方式，其适龄母羊比例要求更高，一般应在70%以上；生产羔皮的养羊业，由于羔羊出生两三天或者是1个月左右就屠宰取皮，同时很少饲养去势羊，因此，母羊在羊群中的比例也高；种羊场为了获得大量高质量的幼羊供种用或出售，母羊在羊群中的比例也较高，种公羊在羊群中所占比例与所采取的交配分娩方式有密切关系，采用自然交配方法时，一只种公羊在一个交配季节（40天左右）可交配50只左右的母羊，采用人工授精方式，一只种公羊的精液可配200~1 000只母羊。除种公羊外，一般养羊场还配备一定数量的试情公羊。应该指出的是，羊群结构的合理程度只是相对的，没有一个绝对统一的结构模式，在不同地区、不同的生产和管理条件、不同的饲养品种和不同的生产方向下，羊群结构都会不一样。

(二) 羊群交配分娩计划和周转计划的编制

一般养羊场必须贯彻自繁自养方针，严格控制屠宰优良适龄母羊并严格编制交配分娩计划，力争做到适龄母羊的全配、全怀、全生及所生羔羊的全活、全壮，以扩大后备羊来源。我国养羊业大多集中在草原牧区，草原牧区养羊主要采取放牧饲养和季节性交配分娩方式。分娩季节有冬、春两季，冬季分娩一般在11—12月，春季分娩一般在3—4月。

编制羊群交配分娩计划和周转计划时，必须掌握以下材料：计划年初全场羊群中各类羊的实有只数；去年交配今年分娩的母羊数；计划年生产任务的有关指标；计划确定的母羊受胎率、产羔率和繁殖成活率。

四、养鸡的生产管理

(一) 养鸡场生产管理

1. 编制生产计划

养鸡场，尤其是那些现代化养鸡场，属于资金、技术都较为密集的集约化经营企业，其生产经营的内容也较为复杂。因此，对其生产经营的供、产、销各个环节都必须制订周密而可靠的计划，才能保证生产经营的正常进行。一般来说，规模较大的养鸡场在年度生产经营过程中应制订和执行以下计划。

(1) 雏鸡孵化计划。编制孵化计划的目的，在于保证后备鸡、饲养肉仔鸡和出售雏鸡的需要。种鸡场和自繁自养的鸡场都必须有孵化计划。孵化计划的主要内容包括孵化时期、种蛋来源和孵出雏鸡数。

（2）鸡群周转计划。鸡群构成，在自繁自养综合经营的养鸡场中一般分为：种公鸡、种母鸡、产蛋母鸡、育成鸡、肉用鸡、雏鸡、成年淘汰鸡。

（3）产品生产计划。养鸡场的产肉计划比较简单，根据周转计划中所能提供肉用鸡数和成年淘汰鸡数，按一定的宰杀重量计算即可。产蛋计划可根据各月平均饲养的产蛋母鸡数和一定的产蛋率计算出各月的产蛋总数。如养鸡场饲养几个不同品种的蛋鸡，则可按不同品种分别制订各月的产蛋计划，然后汇总为全部的产蛋计划。

饲养日产蛋数取决于品种、年龄、季节和饲养条件等因素。在作产蛋量计划时，饲养日产蛋率参照过去条件基本相似的历年记录和计划年生产条件的改善情况确定的。

2. 制定饲养管理操作技术规程

根据现行良种鸡饲养的供种厂家提供的技术资料，结合本场的生产条件制定育雏鸡、育成鸡、产蛋鸡饲养管理操作技术规程，便于在生产中对照执行。

3. 生产设备管理

现代化养鸡场具有一定的生产设备，包括大型孵化机、备用发电机、鸡笼、通风换气扇、饲料加工机械、自动喂料系统、清粪机械等设备，要做到有专人管理，经常维护保养，保证生产过程的顺利进行。

4. 养鸡场的安全生产及兽医卫生防疫制度的贯彻落实

养鸡场安全生产的第一位是落实兽医卫生防疫，保证家禽的健康才能完成生产指标。一般各养鸡场都有一套完整的卫生防疫制度，如何贯彻落实，是关系到养鸡场生存的头等大事，管理人员要有高度的责任感，树立“预防为主，防重于治”的思想。

5. 生产统计分析

养鸡场年度计划的完成，在于科学地、严密地组织年内的生产过程和各项作业，经常核算收支情况。为此，必须做好各项生产记录和月统计报表，主要有育雏记录、产蛋鸡记录、饲料消耗记录、鸡群收支月报表等。养鸡场在年度生产中要对每一品种的鸡制定出成活率、产蛋率、活重和饲料消耗等多项指标，用生产记录和所定指标作比较，检查其是否达到并分析查明原因，及时发现问题，迅速采取对策。如决定鸡群选留、淘汰和更换、扩大或缩小，还是保持现有生产规模，及时改进有关技术，改善操作管理，以便降低成本，减少损失，增加鸡场的经济收益。

（二）提高养鸡场经济效益的主要途径

1. 建立健全各种生产责任制，做好养鸡场的劳动管理

劳动支出是养鸡场生产费用中占比例较大的一部分，要培养一支特别能吃苦和工作责任心强的职工队伍，改善生产条件，不断提高劳动生产力水平，增加从业人员的收入。

2. 努力降低饲料消耗，不断提高饲料报酬

在一般养鸡场，饲料费用占成本的60%~70%。因此，养鸡场能否降低饲料消耗，不断提高饲料报酬成为其能否盈利的关键。养鸡场不仅要解决饲料来源和保证不断供应问题，还必须重视饲料费用的节约。有条件时最好自己加工生产配合饲料，根据当地原料价格的变化，不断调整饲料配方，以降低饲料成本。在节约饲料方面应尽量减少饲养环节的浪费，选择和培育生长快、饲料报酬高的优良鸡种。

3. 加强卫生防疫，尽量减少死亡

任何一个养鸡场，鸡的死亡率高低是经营成败的关键。在生产的各个环节上采取切实有效的具体措施，严格防止各种传染病

的发生，尽量减少鸡常见病的发病率，降低死亡就是增加效益。

4. 采用新技术，提高生产水平

我国工厂化养鸡起步晚，但发展速度快，总产量增长迅速。由于技术水平和健康不良等综合因素，每只鸡单产、饲料消耗、死淘率等主要生产水平都较低，一些指标与国际水平差距较大，具有很大的生产潜力，目前提高生产性能仍要从常规实用技术和管理上下功夫。

5. 实行一体化经营

现代化养鸡生产分为如下几个环节：种鸡、孵化、饲料生产、商品肉鸡生产、商品蛋鸡生产、肉鸡屠宰加工和深加工、蛋粉加工、产品销售。一个大的养鸡场这几个环节都在场长领导之下，执行统一计划，统一核算，这称作一体化经营。大而全是现代化养鸡生产一体化经营发展的必然趋势，小而全在我国现阶段生产也很重要，可以协调各生产环节的利益分配，保证主产品的质量稳定，占领一定的市场。

6. 强化经营管理

养鸡场的管理问题遍及整个供应、生产、销售的全过程，在每一个生产环节都必须注重管理，健全各种定额、各种责任制和各种规章制度，使养鸡场的管理规范化、制度化与科学化，这是保证养鸡场提高经济效益必不可少的。

第三节　渔业的生产管理

一、淡水渔业生产的组织

各地渔场一般实行水、种、饵、混、密、轮、防、管八字精养法。水、种、饵是精养的物质基础，混、密、轮是实行精养的技术措施，防和管则是获得精养效益的保证。这些环节互为条件、相互制约，要很好地组合，使之配置得当。

根据许多渔场的实践经验，就占放养比重最大的池塘养鱼来看，对渔业生产过程的组织有着严格的要求。

(一) 精养鱼池的要求

主要是面积适中，一般为 0.67 km^2 左右；池水较深，一般在 2.5 m 左右；有良好的河湖水源，注水、排水方便；池形整齐(呈东西长而南北宽的长方形)、堤埂较高（大水不淹)、较宽(面宽至少 2 m，种植饵料作物)。如鱼池达不到上述要求，就要加以改造，以利精养高产高效。

(二) 鱼类合理混养的类型

在池塘中进行多种鱼类、多种规格的混养，可以全面合理经济地利用水体和饵料，发挥养殖鱼类的互利作用，既能使食用鱼高产，均衡供应市场，满足消费者的不同需要；又能取得渔场生产所需大规格鱼种，获得高产高效。高产渔场大都有 7~10 种鱼混养在同一池塘，而且每种鱼有 3 种以上的规格。不能随意投放鱼种，不合理混养；而是要根据鱼类的生物学特征、池塘生产条件、养殖技术与管理水平，以及历史习惯等，合理确定混养类型，适当安排主养鱼类和配养鱼类。如肥料充裕，可以鲢鱼、鳙鱼、鲮鱼、罗非鱼等为主养鱼；草类资源丰富，可以草鱼、草鱼+鲢鱼、草鱼+团头鲂为主养鱼；螺、贝类资源较多，可以青鱼、青鱼+鲤鱼为主养鱼；商品饵料充足，可以青鱼、草鱼+鲤鱼为主养鱼。

(三) 合理放养密度的确定

合理放养密度是指在能养成商品规格食用鱼或预期大小的鱼种前提下，能够达到最高鱼产量的放养密度。它取决于下列因素：池塘条件，达到前述精养要求的，放养密度可适当增加，否则，放养密度就要减少；混养多种鱼类的池塘，放养量可大些，单养一种鱼类或混养种类少的池塘，放养量则相对要小些；放养的鱼种个体较大，放养尾数应较少而放养重量应较大，否则反之；饵料充足，管理精细，养鱼经验丰富，技术较高，设备较好(如有增氧机和水泵等)，可以增加放养量，否则相应少放养。往年的不同放养量、产量和产品规格等，也应作为重要参考依据。

(四) 轮捕轮放方法

轮捕轮放是分期捕鱼和适当补放鱼种，以提高单位面积产量、产值的方法。轮捕轮放与混养密养互为条件，其具体方法：一是捕大留小，即一次投放和饲养不同规格或相同规格的鱼种，分期捕出达到食用规格的鱼，较小的鱼则留池继续饲养，不再补放鱼种；二是捕大补小，即分批捕出食用鱼之时，补放鱼种或夏花，以养成食用鱼或大规格鱼种。在食用鱼池套养鱼种，能较好地解决食用鱼高产和大规格鱼种供应不足的矛盾。如按重量计算，年终由食用鱼池套养出的鱼种，要大于年初放养的鱼种重量。这就能使渔场做到鱼种自给，并可压缩鱼种池面积，扩大食用鱼养殖面积。

(五) 鱼种放养的时间

长江流域一般在春节前放养完毕。华南地区更有条件提早放养。华北及东北的放养时间，一般在融冰以后，水温稳定在5~6℃时进行。在水温较低的季节放养，便于捕捞放养操作。因为这时鱼类活动力弱，不易伤亡。而且早放养可以早开食，获高产。冬季放养鱼种要选在天晴日暖时进行。

(六) 放养鱼种的规格

一般宜大不宜小。大规格鱼种成活率高，成长快，是增产的重要条件。不同鱼类、不同地区和不同的饲养方法，对鱼种规格的要求各有区别。

二、淡水鱼的饲养管理

在高密度混养的池塘里，要使塘鱼正常生长发育并获得高产，必须投放人工饵料和施肥。

（一）投饵

投放饵料要新鲜、多样化，经常更换种类，还要尽量做到按鱼的食欲投饵。池塘养殖的一般鱼类，在水温10℃左右开始吃食，10℃以下停食。要早投食，迟停食。各渔场要广辟饵料来源，并且合理配料，定时定量投放饵料。

（二）施肥

施肥可以使水变肥，繁殖浮游生物等，增加鱼类不可缺少的天然饵料。鱼池主要施有机肥、混合肥，如各种粪便和草肥等。施肥要适时适量。瘦水池塘及新建池塘应在冬末早春，水温4~5℃时施基肥，施肥量视水质的肥瘦而定。之后还要施追肥，追肥时间和数量以保持水色呈嫩绿色或棕褐色为宜。

（三）加强管理

一切养鱼措施都要通过有效的管理才能发挥作用。精养鱼塘必须由渔场确定专人负责，建立岗位责任制，加强日常管理，保证鱼类安全。

第五章　现代农业绿色生产技术

第一节　土水肥一体化技术

土水肥一体化借助压力系统（或地形自然落差）将可溶性固体或液体肥料，按土壤养分含量和作物种类的需肥规律和特点，配兑成的肥液与灌溉水一起，通过可控管道系统供水、供肥，使水肥相融后，通过管道和滴头形成滴灌，均匀、定时、定量浸润作物根系发育生长区域，使主要根系土壤始终保持疏松和适宜含水量的一种种植技术。可根据不同作物的需肥特点、土壤环境和养分含量状况，以及作物不同生长期需水、需肥规律情况进行不同生育期的需求设计，把水分、养分定时定量，按比例直接提供给作物。土水肥一体化技术实施流程如下。

一、信息采集与规划

（一）采集相关信息

1. 项目实施单位的信息采集

水肥一体化设施建设单位在构建方案时要与项目实施单位充分沟通，了解实施单位计划栽培的作物品种以及种植面积、种植形式和管理模式；这些信息关系到管网布局和灌溉方案的确定，不同的经营模式生产管理方式不同，水肥灌溉设计要根据栽培管理模式并结合设计原则来确定，这样才能做到水肥一体化设施投资经济实惠，使用便捷又高效。

另外，要根据实施单位的投资意向、投资人文化素质来确定方案。针对科技示范型的，因其注重的是科技示范推广作用，应体现技术的先进性和领先性，方案要考虑应用推广效果和“门面”效应。这类设计要讲究设备布局的美观、细节的把握、设计的科学性，在严格按照国家和行业的标准进行设计规划，做到合理规范。针对农场经营模式，以增产型为主要目标的，设计上要体现大农业的效益，做到统一管理，方便操作，设备使用寿命长，后续维护费用低，设备使用技术简单实用，受配药和肥料浓度等技术性因素影响小，使用者容易接受，而且要求能安全生产。针对省工型的，因其种植面积不大，10~20 亩不等，投资者自己是主要劳动力，这种设计要简单化，尽可能降低成本，设备操作简单、性能稳定，划分轮灌区的原则是 1~2 天完成施肥。

2. 田间数据采集

田间现场电源是决定水肥首部设备选型的必备条件，因此要了解动力资料，包括现有的动力、电力及水利机械设备情况（如电动机、柴油机、变压器）、电网供电情况、动力设备价格、电费和柴油价格等。要了解当地目前拥有的动力及机械设备的数量、规格和使用情况，了解输变电路线和变压器数量、容量及现有动力装机容量等。当地气候情况、降水量等因素决定水源的供应量，因此，要详细了解当地的气候状况，包括年降水量及分配情况，多年平均蒸发量、月蒸发量、平均气温、最高气温、最低气温、湿度、风速、风向、无霜期、日照时间、平均积温、冻土层深度等。对微灌系统的水质要进行分析，以了解水的泥沙、污物、水生物、含盐量、悬浮物情况和 pH 值大小，以便采取相应的措施。另外要了解水源与田间的距离，考虑是否分级供应，以及管道的口径设计。

3. 土壤地形资料

在规划之前要收集项目区的地质资料，包括土壤类型及容重、土层厚度、土壤 pH 值、田间持水量、饱和含水量、永久凋萎系数、渗透系数、土壤结构及肥力（有机质含量及肥力指标）等情况，以及地下水埋深和矿化度。对于盐碱地还要包括土壤盐分组成、含盐量、盐渍化以及盐碱地情况。

项目区的地形特点好很重要，要掌握项目区的经纬度、海拔高度、自然地理特征等基本资料，绘制总体灌区图、地形图，图上应标明灌区内水源、电源、动力、道路等主要工程的地理位置。

4. 田间测量

田间测量是设计的重要环节，测量数据要尽量准确详细。要标清项目实施区的边界线以及道路、沟渠布局，田间水沟宽、路宽都要测量，大棚设施要编号并标明朝向、间隔。

另外，还要收集项目区的种植作物种类、品种、栽培模式、种植比例、株行距、种植方向、日最大耗水量、生长期、耕作层深度、轮作倒茬计划、种植面积、种植分布图、原有的高产农业技术措施、产量及灌溉制度等。

(二) 绘制田间布局图

依照田间测量的参数，综合上述用户意愿，选择合适的水肥一体化设施类型，绘制田间布局图和管网布局图。根据灌水器流量和每路管网的长度，计算建立水力损失表，分配干管、主管、支管的管径，结合水泵的功率等参数，确定并分好轮灌区，并在图上对管道和节点等编号，对应编号数值列表备查。最后配置灌溉首部设备和施肥设备。

(三) 造价预算

综合上述结果，列出各部件清单，根据市场价格给出造价预算单。把预算结果提供给用户，通过双方实际情况再进行优化修改，定稿。

二、设备安装与调试

(一) 开沟挖槽及回填

1. 开挖沟槽

铺设管网的第一步是开沟挖槽，一般沟宽 0.4 m 左右、深 0.6 m 左右，呈“U”形，挖沟要平直、深浅一致，转弯处以 90°和 135°处理。沟的坡面呈倒梯形，上宽下窄，防止泥土坍塌导致重复工作。在适合机械施工的较大场地，可以用机械施工，在田间需要人工作业。

开挖沟槽时，沟底设计标高上下 0.3 m 的原状土应予保留，禁止扰动，铺管前用人工清理，但一般不宜挖于沟底设计标高以下，如局部超挖，需用沙土或合乎要求的原土填补并分层夯实，要求最后形成的沟槽底部平整、密实、无坚硬物质。

(1) 当槽底为岩石时，应铲除到设计标高以下不小于 0.15 m，挖深部分用细沙或细土回填密实，厚度不小于 0.15 m；当原土为盐类时，应铺垫细沙或细土。

(2) 当槽底土质极差时，可将管沟挖得深一些，然后在挖深的管底用沙填平，用水淹没后再将水吸掉（水淹法），使管底具有足够的支撑力。

(3) 凡可能引起管道不均匀沉降地段，其地基应进行处理，并可采取其他防沉降措施。

开挖沟槽时，如遇有管线、电缆时要加以保护，并及时向相关单位报告，及时解决处理，以防发生事故造成损失。开挖沟槽土层要坚实，如遇松散的回填土、腐殖土或石块等，应进行处理。散土应挖出，重新回填，回填厚度不超过 20 cm 时进行碾压；腐殖土应挖出换填沙砾料，并碾压夯实；如遇石块，应清理出现场，换填土质较好的土回填。在开挖沟槽过程中，应对沟槽底部高程及中线随时测控，以防超挖或偏位。

2. 回填

在管道安装与铺设完毕后回填，回填的时间宜在一昼夜中气温最低的时刻，管道两侧及管顶以上0.5 m内的回填土，不得含有碎石、砖块、冻土块及其他杂硬物体。回填土应分层夯实，一次回填高度宜0.1~0.15 m，先用细沙或细土回填管道两侧，人工夯实后再回填第二层，直至回填到管顶以上0.5 m处，沟槽的支撑应在保证施工安全情况下，按回填依次拆除，拆除竖板后，应以沙土填实缝隙。在管道或试压前，管顶以上回填土高度不宜小于0.5 m，管道接头处0.2 m范围内不可回填，以使观察试压时事故情况。管道试压合格后的大面积回填，宜在管道内充满水的情况下进行。管道敷设后不宜长时间处于空管状态，管顶0.5 m以上部分的回填土内允许有少量直径不大于0.1 m的石块。采用机械回填时，要从管的两侧同时回填，机械不得在管道上方行驶。规范操作能使地下管道更加安全耐用。

（二）PVC 管道安装

与PVC管道配套的是PVC管件，管道和管件之间用专用胶水黏接，这种胶水能把PVC管材、管件表面溶解成胶状，在连接后物质相互渗透，72 h后即可连成一体。所以，在涂胶的时候应注意胶水用量，不能太多，过多的胶水会沉积在管道底部，把管壁部分溶解变软，降低管道应力，在遇到水锤等极端压力的时候，此外最容易破裂，导致维修成本增高，还影响农业生产。

1. 截管

施工前按设计图纸的管径和现场核准的长度（注意扣除管、

配件的长度）进行截管。截管工具选用割刀、细齿锯或专用断管机具；截口端面平整并垂直于管轴线（可沿管道圆周作垂直管轴标记再截管）；去掉截口处的毛刺和毛边并磨（刮）倒角（可选用中号砂纸、板锉或角磨机），倒角坡度宜为15°~20°，倒角长度约为1.0 mm（小口径）或2~4 mm（中、大口径）。

管材和管件在黏合前应用棉纱或干布将承、插口处黏接表面擦拭干净，使其保持清洁，确保无尘沙与水迹。当表面沾有油污时需用棉纱或干布蘸丙酮等清洁剂将其擦净。棉纱或干布不得带有油腻及污垢。当表面黏附物难以擦净时，可用细砂纸打磨。

2. 黏接

（1）试插及标线。黏接前应进行试插以确保承、插口配合情况符合要求，并根据管件实测承口深度在管端表面划出插入深度标记（黏接时需插入深度即承口深度），对中、大口径管道尤其需注意。

（2）涂胶。涂抹胶水时需先涂承口，后涂插口（管径≥90 mm的管道承、插面应同时涂刷），重复2~3次，宜先环向涂刷再轴向涂刷，胶水涂刷承口时由里向外，插口涂刷应为管端至插入深度标记位置，刷胶纵向长度要比待黏接的管件内孔深度要稍短些，胶水涂抹应迅速、均匀、适量，黏接时保持黏接面湿润且软化。涂胶时应使用鬃刷或尼龙刷，刷宽应为管径的1/3~1/2，并宜用带盖的敞口容器盛装，随用随开。

（3）连接及固化。承、插口涂抹溶接剂后应立即找正方向将管端插入承口并用力挤压，使管端插入至预先划出的插入深度标记处（即插至承口底部），并保证承口、插接口的直度；同时需保持必要的施力时间（管径<63 mm的为30~60 s，管径≥63 mm的为1~3 min）以防止接品滑脱。当插至1/2承口再往里插时宜稍加转动，但不应超过90°，不应插到底部后进行旋转。

(4) 清理。承、插口黏接后应将挤出的溶接剂擦净。黏接后，固化时间 2 h，至少 72 h 后才可以通水。管道黏接不宜在湿度很大的环境下进行，操作场所应远离火源，防止撞击和避免阳光直射，在温度低于-5℃环境中不宜进行，当环境温度为低温或高温时需采取相应措施。

(三) PE 管道安装

PE 管道采用热熔方式连接，有对接式热熔和承插式热熔，一般大口径管道（DN 100 以上）都用对接热熔连接，有专用的热熔机，具体可根据机器使用说明进行操作。DN 80 以下均可以用承插方式热熔连接，优点是热熔机轻便，可以手持移动；缺点是操作需要 2 人以上，承插后，管道热熔口容易过热缩小，影响过水。

1. 准备工作

管道连接前，应对管材和管件现场进行外观检查，符合要求方可使用。主要检查项目包括外表面质量、配件质量、材质的一致性等。管材管件的材质一致性直接影响连接后的质量。在寒冷气候（-5℃以下）和大风环境条件下进行连接时，应采取保护措施或调整连接工艺。管道连接时管端应洁净，每次收工时管口应临时封堵，防止杂物进入管内。热熔连接前后，连接工具回执面上的污物应用洁净棉布擦净。

2. 承插连接方法

此方法将管材表面和管件内表面同时无旋转地插入熔接器的模头中回执数秒，然后迅速撤去熔接器，把已加热的管子快速地垂直插入管件，保压、冷却、连接。连接流程：检查—切管—清理接头部位及划线—加热—撤熔接器—找正—管件套入管子并校正—保压、冷却。

(1) 要求管子外径大于管件内径，以保证熔接后形成合适的凸缘。

（2）加热。将管材外表面和管件内表面同时无旋转地插入熔接器的模头中回执数秒，加热温度为260℃。

（3）插接。管材管件加热到规定的时间后，迅速从熔接器的模头中拔出并撤去熔接器，快速找正方向，将管件套入管段至划线位置，套入过程中若发现歪斜应及时校正。

（4）保压、冷却。冷却过程中，不得移动管材或管件，完全冷却后才可进行下一个接头的连接操作。

热熔承插连接应符合下列规定：热熔承插连接管材的连接端应切割垂直，并应用洁净棉布擦净管材和管件连接面上的污物，标出插入深度，刮除其表皮；承插连接前，应校直两对应的待连接件，使其在同一轴线上；插口外表面和承口内表面应用热熔承插连接工具加热；加热完毕，连接件应迅速脱离承接连接工具，并应用均匀外力插至标记深度，使待连接件连接结实。

3. 热熔对接连接

热熔对接连接是将与管轴线垂直的两管子对应端面与加热板接触使之加热熔化，撤去回热板后，迅速将熔化端压紧，并保证压至接头冷却，从而连接管子。这种连接方式不需要管件，连接时必须使用对接焊机。热熔对接连接一般分为5个阶段：预热阶段、吸热阶段、加热板取出阶段、对接阶段、冷却阶段。加热温度和各个阶段所需要的压力及时间应符合热熔连接机具生产厂和管材、管件生产厂的规定。连接程序：装夹管子—铣削连接面—回执端面—撤加热板—对接—保压、冷却。

（1）将待连接的两管子分别装夹在对接焊机的两侧夹具上，管子端面应伸出夹具20~30 mm，并调整两管子使其在同一轴线上，管口错边不宜大于管壁厚度的10%。

（2）用专用铣刀同时铣削两端面，使其与管轴线垂直，待两连接面相吻合后，铣削后用刷子、棉布等工具清除管子内外的碎屑及污物。

(3) 当回执板的温度达到设定温度后，将加热板插入两端面间同时加热熔化两端面，加热温度和加热时间按对接工具生产厂或管材生产厂的规定，加热完毕快速撤出加热板，接着操纵对接焊机使其中一根管子移动至两端面完全接触并形成均匀凸缘，保持适当压力直到连接部位冷却到室温为止。

热熔对接焊接时，要求管材或管件应具有相同熔融指数。另外，采用不同厂家的管件时，必须选择与之相匹配的焊机才能取得最佳的焊接效果。热熔连接保压、冷却时间，应符合热熔连接机具生产厂和管材、管件生产厂规定，保证冷却期间不得移动连接件或在连接件上施加外力。

(四) 滴灌设备安装与调试

作物的生物学特征各异，栽培的株距、行距也不一样，为了达到灌溉均匀的目的，所要求滴灌带滴孔距离、规格、孔洞一样。通常滴孔距离 15 cm、20 cm、30 cm、40 cm，常用的有 20 cm、30 cm。这就要求滴灌设施实施过程中，需要考虑使用单条滴灌带端部首端和末端滴孔出水量均匀度相同且前后误差在10%以内的产品。在设计施工过程中，需要根据实际情况，选择合适规格的滴灌带，还要根据这种滴灌带的流量等技术参数，确定单条滴灌带的铺设最佳长度。

1. 滴灌设备安装

(1) 滴灌带选型。大棚栽培作物一般选用内镶滴灌带，规格 16 mm × 200 mm 或 16 mm × 300 mm，壁厚可以根据农户投资需求选择 0. 2 mm、0. 4 mm、0. 6 mm，滴孔朝上，平整地铺在畦面的地膜下面。

(2) 滴灌带数量。可以根据作物种植要求和投资意愿，决定每畦铺设的条数，通常每畦至少铺设一条，两条最好。

（3）滴灌带安装。棚头横管用25"，每棚一个总开关，每畦另外用旁通阀，在多雨季节，大棚中间和棚边土壤湿度不一样，可以通过旁通阀调节灌水量。

铺设滴灌带时，先从下方拉出。由一人控制，另一人拉滴灌带，当滴管带略长于畦面时，将其剪断并将末端折扎，防止异物进入。首部连接旁通或旁通阀，要求滴灌带用剪刀裁平，如果附近有滴头，则剪去不要，把螺旋螺帽往后退，把滴灌带平稳套进旁通阀的口部，适当摁住，再将螺帽往外拧紧即可。将滴灌带尾部折叠并用细绳扎住，打活结，以方便冲洗（用带用堵头也可以，只是在使用过程中受水压泥沙等影响，不容易拧开冲洗，直接用线扎住方便简单）。

把黑管连接总管，三通出口处安装球阀，配置阀门井或阀门箱保护。整体管网安装完成后，通水试压，冲出施工过程中留在管道内的杂物，调整缺陷处，然后关水，滴灌带上堵头，25"黑管上堵头。

2. 设备使用技术

（1）滴灌带通水检查。在滴灌受压出水时，正常滴孔的出水是呈滴水状的，如果有其他洞孔，出水是呈喷水状的，在膜下会有水柱冲击的响声，所以要巡查各处，检查是否有虫咬或其他机械性破洞，发现后及时修补。在滴灌带铺设前，一定要对畦面的地下害虫或越冬害虫进行一次灭杀。

（2）灌水时间。初次灌水时，由于土壤团粒疏松，水滴容易直接往下顺着土块空隙流到沟中，没能在畦面实现横向湿润。所以要短时间、多次、间歇灌水，让畦面土壤形成毛细管，促使水分横向湿润。

瓜果类作物在营养生长阶段，要适当控制水量，防止枝叶生长过旺影响结果。在作物挂果后，滴灌时间要根据滴头流量、土壤湿度、施肥间隔等情况决定。一般在土壤较干时滴灌 3~4 h，而当土壤湿度居中，仅以施肥为目的时，水肥同灌约 1 h 较合适。

（3）清洗过滤器。每次灌溉完成后，需要清洗过滤器。每 3~4 次灌溉后，特别是水肥灌溉后，需要把滴灌带堵头打开冲水，将残留在管壁内的杂质冲洗干净。作物采收后，集中冲水一次，收集备用。如果是在大棚内，只需要把滴灌带整条拆下，挂到大棚边的拱管上即可，下次使用时再铺到膜下。

（五）首部设备安装与调试

1. 负压变频供水设备安装

负压变频供水设备安装处应符合控制柜对环境的要求，控制柜前后应有足够的检修通道，进入控制柜的电源线径、控制柜前级的低压柜的容量应有一定的余量，各种检测控制仪表或设备应安装于系统贯通且压力较稳定处，不应对检测控制仪表或设备产生明显的不良影响。如安装于高温（高于 45℃）或具有腐蚀性的地方，在签订订货单时应作具体说明。在已安装时发现安装环境不符合时，应及时与原供应商取得联系进行更换。

水泵安装应注意进水管路无泄漏，地面应设置排水沟，并应设置必需的维修设施。水泵安装尺寸见各类水泵安装说明书。

2. 潜水泵安装

（1）安装方法。拆下水泵上部出水口接头，用法兰连接止回阀，止回阀箭头指向水流方向。管道垂直向上伸出池面，经弯头引入泵房，在泵房内与过滤器连接，在过滤器前开一个 DN 20 施肥口，连接施肥泵，前后安装压力表。水泵在水池底部需要垫高 0.2 m 左右，防止淤泥堆积，影响散热。

（2）施肥方法。开启电机，使管道正常供水，压力稳定。

开启施肥泵，调整压力，开始注肥，注肥时需要有操作人员照看，随时关注压力变化及肥量变化，注肥管压力要比出水管压力稍大一些，保证能让肥液注进出水管，但压力不能太大，以免引起倒流，肥料注完后，再灌 15 min 左右的清水，把管网内的剩余肥液送到作物根部。

3. 离心自吸泵安装

(1) 安装使用方法。

第一步，建造水泵房和进水池，泵房占地 3 m×5 m 以上，并安装一扇防盗门，进水池 2 m×3 m。

第二步，安装 ZW 型卧式离心自吸泵，进水口连接进水管到进水池底部，出口连接过滤器，一般两个并联。外装水表、压力表及排气阀（排气阀安装在出水管墙外位置，水泵启停时排气阀会溢水，保持泵房内不被水溢湿）。

第三步，安装吸肥管，在吸水管三通处连接阀门，再接过滤器，过滤器与水流方向要保持一致，连接钢丝软管和底阀。

第四步，施肥桶可以配 3 只左右，每只容量 200 L 左右，通过吸肥管分管分别放进各肥料桶内，可以在吸肥时，把不能同时混配的肥料分桶吸入，在管道中混合。

第五步，施肥浓度，根据进出水管的口径，配置吸肥管的口径，保持施肥浓度在 5%~7%。通常 4" 进水管，3" 出水管水泵，配 1" 吸肥管，最后施肥浓度在 5%左右。肥料的吸入量始终随水泵流量大小而改变，而且保持相对稳定的浓度。田间灌溉量大，即流量大，吸肥速度也随之增加，反之，吸肥速度减慢，始终保持浓度相对稳定。

(2) 注意事项。施肥时要保持吸肥过滤器和出水过滤器畅通，如遇堵塞，应及时清洗；施肥过程中，当施肥桶内肥液即将吸干时，应及时关闭吸肥阀，防止空气进入泵体产生气蚀。

三、水肥一体化系统操作

(一) 准备工作

使用前的准备工作主要是检查系统是否按设计要求安装到位，检查系统主要设备和仪表是否正常，对损坏或漏水的管段及配件进行修复。

1. 检查水泵与电机

检查水泵与电机所标示的电压、频率与电源电压是否相符，检查电机外壳接地是否可靠，检查电机是否漏油。

2. 检查过滤器

检查过滤器安装位置是否符合设计要求，是否有损坏，是否需要冲洗。介质过滤器在首次使用前，在罐内注满水并放入一包氯球，搁置 30 min 后按正常使用方法反冲一次。此次反冲并可预先搅拌介质，使之颗粒松散，接触面展开。然后充分清洗过滤器的所有部件，紧固所有螺丝。离心式过滤器冲洗时先打开压盖，将沙子取出冲净即可。网式过滤器手工清洗时，扳动手柄，放松螺杆，打开压盖，取出滤网，用软刷子刷洗筛网上的污物并用清水冲洗干净。叠片过滤器要检查和更换变形叠片。

3. 检查肥料罐或注肥泵

检查肥料罐或注肥泵的零部件和与系统的连接是否正确，清除罐体内的积存污物以防进入管道系统。

4. 检查其他部件

检查所有的末端竖管，是否有折损或堵头丢失。前者取相同零件修理，后者补充堵头。检查所有阀门与压力调节器是否启闭自如，检查管网系统及其连接微管，如有缺损应及时修补。检查进排气阀是否完好，并打开。关闭主支管道上的排水底阀。

5. 检查电控柜

检查电控柜的安装位置是否得当。电控柜应防止阳光照射，并单独安装在隔离单元，要保持电控柜房间的干燥。检查电控柜的接线和保险是否符合要求，是否有接地保护。

(二) 灌溉操作

水肥一体化系统包括单户系统和组合系统。组合系统需要分组轮灌。系统的简繁不同，灌溉作物和土壤条件不同都会影响到灌溉操作。

1. 管道充水试运行

在灌溉季节首次使用时，必须进行管道充水冲洗。充水前应开启排污阀或泄水阀，关闭所有控制阀门，在水泵运行正常后缓慢开启水泵出水管道上的控制阀门，然后从上游至下游逐条冲洗管道，充水中应观察排气装置工作是否正常。管道冲洗后应缓慢关闭泄水阀。

2. 水泵启动

要保证动力机在空载或轻载下启动。启动水泵前，首先关闭总阀门，并打开准备灌水的管道上所有排气阀排气，然后启动水泵向管道内缓慢充水。启动后观察和倾听设备运转是否有异常声音，在确认启动正常的情况下，缓慢开启过滤器及控制田间灌溉所需轮灌组的田间控制阀门，开始灌溉。

3. 观察压力表和流量表

观察过滤器前后的压力表读数差异是否在规定的范围内，压差读数达到 7 m 水柱，说明过滤器内堵塞严重，应停机冲洗。

4. 冲洗管道

新安装的管道（特别是滴灌管）第一次使用时，要先放开管道末端的堵头，充分放水冲洗各级管道系统，把安装过程中集聚的杂质冲洗干净后，封堵末端堵头，然后才能开始使用。

5. 田间巡查

要到田间巡回检查轮灌区的管道接头和管道是否漏水，各个灌水器是否正常。

(三) 施肥操作

施肥过程是伴随灌溉同时进行的，施肥操作在灌溉进行20~30 min后开始，并确保在灌溉结束前20 min以上的时间内结束，这样可以保证对灌溉系统的冲洗和尽可能地减少化学物质对灌水器的堵塞。

施肥操作前要按照施肥方案将肥料准备好，对于溶解性差的肥料可先将肥料溶解在水中。不同的施肥装置在操作细节上有所不同。

1. 泵吸肥法

根据轮灌区的面积或果树的株数计算施肥量，然后倒入施肥池。开动水泵，放水溶解肥料。打开出肥口处开关，肥料被吸入主管道。通常面积较大的灌区吸肥管用50~70 mm的PVC管，方便调节施肥速度。一些农户出肥管管径太小（25 mm或32 mm），当需要加速施肥时，由于管径太小无法实现。对较大面积的灌区（如500亩以上），可以在肥池或肥桶上画刻度。一次性将当次的肥料溶解好，然后通过刻度分配到每个轮灌区。假设一个轮灌区需要一个刻度单位的肥料，当肥料溶液到达一个刻度时，立即关闭施肥开关，继续灌溉冲洗管道。冲洗完后打开下一个轮灌区，打开施肥池开关，等到达第二个刻度单位时表示第二轮灌区施肥结束，依次进行操作。采用这种办法对大型灌区的施肥可以提高工作效率，减轻劳动强度。

在北方一些井灌区水温较低，肥料溶解慢。一些肥料即使在较高水温下溶解也慢（如硫酸钾）。这时在肥池内安装搅拌设备可显著加快肥料的溶解，一般搅拌设备由减速机（功率1.5~3.0 kW）、搅拌桨和同定支架组成。搅拌桨通常要用304不锈钢制造。

2. 泵注肥法

南方地区的果园，通常都有打药机。许多果农利用打药机作注肥泵用。具体做法：在泵房外侧建一个砖水泥结构的施肥池，一般 3~4 m^3，通常高 1 m，长宽均 2 m。以不漏水为质量要求。池底最好安装一个排水阀门，方便清洗排出肥料池的杂质。施肥池内侧最好用油漆划好刻度，以 0.5 m^3为一格。安装一个吸肥泵将池中溶解好的肥料注入输水管。吸肥泵通常用旋涡自吸泵，扬程须高于灌溉系统设计的最大扬程，通常的参数：电源 220 V 或 380 V，0.75~1.1 kW，扬程 50 m，流量 3~5 m^3/h，这种施肥方法肥料有没有施完看得见。施肥速度方便调节。它适合用于时针式喷灌机、喷水带、卷盘喷灌机等灌溉系统。它克服了压差施肥罐的所有缺点。特别是使用地下水的情况下，由于水温低（9~10℃），肥料溶解慢，可以提前放水升温，自动搅拌溶解肥料。通常减速搅拌机的电机功率为 1.5 kW。搅拌装置用不生锈材料做成倒“T”形。

3. 压差式施肥罐

（1）压差施肥罐的运行。压差施肥罐的操作运行顺序如下。

第一步，根据各轮灌区具体面积或作物株数计算好当次施肥的数量。称好或量好每个轮灌区的肥料。

第二步，用两根各配一个阀门的管子将旁通管与主管接通，为便于移动，每根管子上可配用快速接头。

第三步，将液体肥直接倒入施肥罐，若用固体肥料则应先行单独溶解并通过滤网注入施肥罐。有些用户将固体肥直接投入施肥罐，使肥料在灌溉过程中溶解，这种情况下用较小的罐即可，但需要 5 倍以上的水量以确保所有肥料被用完。

第四步，注完肥料溶液后，扣紧罐盖。

第五步，检查旁通管的进出口阀均关闭而节制阀打开，然后打开主管道阀门。

第六步，打开旁通进出口阀，然后慢慢地关闭节制阀，同时注意观察压力表，得到所需的压差（1~3 m 水压）。

第七步，对于有条件的用户，可以用电导率仪测定施肥所需时间。施肥完后关闭进口阀门。

第八步，要施下一罐肥时，必须排掉部分罐内的积水。在施肥罐进水口处应安装一个 1/2" 的进排气阀或1/2" 的球阀。打开罐底的排水开关前，应先打开排气阀或球阀，否则水排不出去。

（2）压差施肥罐施肥时间监测方法。压差施肥罐是按数量施肥方式，开始施肥时流出的肥料浓度高，随着施肥进行，罐中肥料越来越少，浓度越来越稀。灌溉施肥的时间取决于肥料罐的容积及其流出速率：

$$T = 4V/Q$$

式中，T 为施肥时间（h）；V 为肥料罐容积（L）；Q 为流出液速率（L/h）；4 是指 120 L 肥料溶液需 480 L 水流入肥料罐中才能把肥料全部带入灌溉系统中。

例如：一肥料罐容积 220 L，施肥历时 2 h，求旁通管的流量。根据上述公式，在 2 h 内必须有 4×220＝880 L 水流过施肥罐，故旁通管的流量应不低于：880/120＝7. 3 min。

因为施肥罐的容积是固定的，当需要加快施肥速度时，必须使旁通管的流量增大。此时要把节制阀关得更紧一些。

了解施肥时间对应用压差施肥罐施肥具有重要意义。当施下一罐肥时必须将罐内的水放掉至少 1/2~2/3，否则无法加放肥料。如果对每一罐的施肥时间不了解，可能会出现肥未施完即停止施肥，将剩余肥料溶液排走而浪费肥料。或肥料早已施完但心中无数，盲目等待，后者当单纯为施肥而灌溉时，会浪费水源或电力，增加施肥人工。特别在雨季或土壤不需要灌溉而只需施肥时更需要加快施肥速度。

（3）压差施肥罐使用注意事项。压差施肥罐使用时，应注意以下事项。

①罐体较小时（小于100 L），固体肥料最好溶解后倒入肥料罐，否则可能会堵塞罐体。特别在压力较低时可能会出现这种情况。

②有些肥料可能含有一些杂质，倒入施肥罐前先溶解过滤，滤网100~120目。如直接加入固体肥料，必须在肥料罐出口处安装一个1/2"的筛网过滤器。或者将肥料罐安装在主管道的过滤器之前。

③每次施完肥后，应对管道用灌溉水冲洗，将残留在管道中的肥液排出。一般滴灌系统20~30 min，微喷灌5~10 min。如有些滴灌系统轮灌区较多，而施肥要求在尽量短的时间完成，可考虑测定滴头处电导率的变化来判断清洗的时间。一般的情况是灌溉面积越大，输水管道越长，冲洗的时间也越长。冲洗是个必需过程，因为残留的肥液存留在管道和滴头处，极易滋生藻类青苔等低等植物，堵塞滴头；在灌溉水硬度较大时，残存肥液在滴头处形成沉淀，造成堵塞。及时的冲洗基本可以防止此类问题发生。但在雨季施肥时，可暂时不洗管，等天气晴朗时补洗，否则会造成过量灌溉淋洗肥料。

④肥料罐需要的压差由入水口和出水口间的节制阀获得。因为灌溉时间通常多于施肥时间，不施肥时节制阀要全开。经常性的调节阀门可能会导致每次施肥的压力差不一致（特别当压力表量程太大时，判断不准），从而使施肥时间把握不准确。为了获得一个恒定的压力差，可以不用节制阀门，代之以流量表（水表）。水流流经水表时会造成一个微小压差，这个压差可供施肥罐用。当不施肥时，关闭施肥罐两端的细管，主管上的压差仍然存在。在这种情况下，不管施肥与否，主管上的压力都是均衡的。因这个由水表产生的压差是均衡的，无法调控施肥速度，所以只适合深根作物。对浅根系作物在雨季要加快施肥，这种方法不适用。

4. 重力自压式施肥法

施肥时先计算好每轮灌区需要的肥料总量，倒入混肥池，加水溶解，或溶解好直接倒入。打开主管道的阀门，开始灌溉。然后打开混肥池的管道，肥液即被主管道的水流稀释带入灌溉系统。通过调节球阀的开关位置，可以控制施肥速度。当蓄水池的液位变化不大时（丘陵山地果园许多情况下一边灌溉一边抽水至水池），施肥的速度可以相当稳定，保持一恒定养分浓度。如采用滴灌施肥，施肥结束后需继续灌溉一段时间，冲洗管道。如拖管淋水肥则无此必要。通常混肥池用水泥建造坚固耐用，造价低。也可直接用塑料桶作混肥池用。有些用户直接将肥料倒入蓄水池，灌溉时将整池水放干净。由于蓄水池通常体积很大，要彻底放干水很不容易，会残留一些肥液在池中。加上池壁清洗困难，也有养分附着。当重新蓄水时，极易滋生藻类青苔等低等植物，堵塞过滤设备。应用重力自压式灌溉施肥，当采用滴灌时，一定要将混肥池和蓄水池分开，二者不可共用。

静水微重力自压施肥法曾被国外某些公司在我国农村提倡推广，其做法是在棚中心部位将储水罐架高 80~100 cm，将肥料放入敞开的储水罐溶解，肥液经过罐中的筛网过滤器过滤后靠水的重力滴入土壤。

5. 文丘里施肥器

虽然文丘里施肥器可以按比例施肥，在整个施肥过程中保持恒定浓度供应，但在制定施肥计划时仍然按施肥数量计算。例如，一个轮灌区需要多少肥料要事先计算好。如果用液体肥料，则将所需体积的液体肥料加到储肥罐（或桶）中；如果用固体肥料，则先将肥料溶解配成母液，再加入储肥罐，或直接在储肥罐中配制母液。当一个轮灌区施完肥后，再安排下一个轮灌区。

当需要连续施肥时，对每一轮灌区先计算好施肥量。在确定施肥速度恒定的前提下，可以通过记录施肥时间或观察施肥桶内壁上的刻度来为每一轮灌区定量。对于有辅助加压泵的施肥器，在了解每个轮灌区施肥量（肥料母液体积）的前提下，安装一个定时器来控制加压泵的运行时间。在自动灌溉系统中，可通过控制器控制不同轮灌区的施肥时间。当整个施肥可在当天完成时，可以统一施肥后再统一冲洗管道，否则必须将施过肥的管道当日冲洗。冲洗的时间要求同旁通罐施肥法。

（四）轮灌组更替

根据水肥一体化灌溉施肥制度，观察水表水量确定达到要求的灌水量时，更换下一轮灌组地块，注意不要同时打开所有分灌阀。首先打开下一轮灌组的阀门，再关闭第一个轮灌组的阀门，进行下一轮灌组的灌溉，操作步骤按以上重复。

（五）停止灌溉

所有地块灌溉施肥结束后，先关闭灌溉系统水泵开关，然后关闭田间的各开关。对过滤器、施肥罐、管路等设备进行全面检查，达到下一次正常运行的标准。注意冬季灌溉结束后要把田间位于主支管道上的排水阀打开，将管道内的水尽量排净，以避免管道留有积水冻裂管道，此阀门冬季不必关闭。

第二节　地膜回收利用技术

一、机械回收残膜

目前，人工清除残膜是一项解决大田残膜的有效途径。但实践证明，人工清除残膜劳动强度大、效率低，有效回收率低，易造成残膜的累积污染。由于除了超薄膜强度较低之外，光照、水土和机械作用使用过的地膜老化破损严重，而且有一部分埋在土里，很难完整回收。机械回收残膜可以克服人工捡拾的弊端，是残膜回收的有效方法。

按照农艺要求和残膜回收时间，残膜回收机械可分为苗期揭膜机械、秋后回收机械和播前回收机械3类。这3类残膜回收机械的使用或者辅以人工捡拾，可以大大提高残膜回收率。

（一）苗期揭膜机械

苗期残膜回收机是在棉花、玉米等作物浇头水之前揭去全部地膜，此时揭膜有利于中耕、除草、施肥和灌水。苗期揭膜时地膜老化较轻，一般采用人机结合的方式，机具要求必须对准行，不伤苗。其代表机型有CSM-130B型齿链式悬挂收膜机、MSM-3型苗期残膜回收机及MS-2型玉米苗期收膜机等。但是，苗期收膜机作业后需要及时灌水，以防止因水分的蒸发而造成干旱，对水情要求较高，只适用于水源较充足地区的部分作物。而我国大部分地膜覆盖种植区干旱少雨，近年来又推广应用膜下滴灌等节水灌溉技术，因此在推广应用上受到了很大制约，目前已不是研究重点。

（二）秋后回收机械

秋后残膜回收机是目前的研究热点，它是在作物收获后、犁地前回收地膜，收膜对象主要是当年铺设的地膜。此时地膜处于地表，相对比较完整。在苗期揭膜受到制约的情况下，秋后是回收残膜的最佳时机。由于秋后作业时间短，为了提高作业效率，减少秸秆对收膜的影响，该类机型一般与秸秆粉碎还田机联合作业。其收膜工艺一般是先将农作物秸秆粉碎后抛撒到机具的侧方或者后方，为后续收膜工序创造一个相对干净的工作面，然后进行膜边松土、起膜铲将地表残膜铲起、挑膜齿挑起残膜，最后脱（卸）膜机构将被挑起的残膜卸下并送入集膜部件。其中，挑膜、卸膜和集膜是影响收膜效果的核心机构。其代表机型有4SJ-1.6残膜回收与茎秆粉碎联合作业机和4JSM-1800棉秸秆粉碎还田与残膜回收联合作业机。

（三）播前回收机械

播前残膜回收机是在农作物播种前回收地膜，此时作物秸秆已经腐烂，地里杂物较少，但地膜老化严重，多以块状形式存在于土壤中，所以回收比较困难，回收率十分有限。目前已研制出的代表机具有弹齿式搂膜机等，弹齿入土深度3~5 cm，将地表残膜搂成条，由人工清膜，这种机具只能收集大块的残膜，而对小块的碎膜无能为力。

二、残膜回收利用技术

残留地膜利用技术也是解决地膜污染的一种比较有效的方法。废旧农膜回收利用符合循环经济活动“资源—产品—再生资源”的反馈式流程，是塑料产业中资源循环利用的重要组成部分，废旧农膜作为一种宝贵的再生资源，如不加以有效的回收利用，不但造成资源的极大浪费，而且传统的焚烧、填埋、废弃等处置方式也将对环境造成污染，对我国农业的可持续发展构成威胁。因此，遵循循环理念，应采取有效措施加大废旧农膜的回收力度，变废为宝，化害为利。地膜回收具体利用措施主要有：再生塑料的原料、利用塑料废渣铺路面、再生塑料和木粉、燃料的提取材料几种方式。

（一）再生塑料的原料利用

一是将回收来的残膜通过晾晒、粉碎、漂洗、甩干、挤出、切粒，加工成其他塑料制品的原料，因依旧保持着塑料原料的化学特性和良好的综合材料性能，可满足吹膜、拉丝、拉管、注塑、挤出型材等技术要求，用于加工各种膜、管等制品。利用回收的薄膜生产环境友好型填充母料。塑料填充改性母料自20世纪80年代初投入市场以来，由于其价格低廉，产品性能优异，可改善塑料制品的某些物理特性，替代合成树脂，且生产工艺简单、投资较小、具有显著的经济效益和社会效益。因而，塑料填充改性母料是近年来发展最快的塑料工业中的新行业，已成为塑料加工工业的重要部分和塑料制品的主要添加材料之一。

利用回收的薄膜生产环境友好型填充母料，生产工艺简单、投资较小，是地膜回收利用中比较好的一种方式。

（二）利用塑料废渣铺路面

在法国，人们把聚氯乙烯废渣渗入芳香碳烃化合物沥青内而使它变成一种廉价的黏合剂，可用在混凝土路面上，特别可在交通量大的道路上使用。由于塑料袋不可生物降解，大规模使用塑料袋已对环境造成严重污染，而将塑料袋用于铺路为解决这一环境问题提供了新方法。研究人员说，在进行热处理后，塑料袋的成分聚乙烯能将铺路的石子包裹住，从而与煤焦油有效地黏合在一起，这样铺出的路浸水后不易出现裂缝。据介绍，工程人员将把那些塑料垃圾用粉碎机打成非常小的粉末，然后再将其和沥青混合。这种新型路面材料雨水不容易积存，而且出现破损后修补也非常方便，这样就延长了路面的使用时间。目前印度在班加罗尔就有一条长约 1 km 的“塑料路面”。

（三）再生塑料和木粉的利用

随着今后地膜用量的增加，如果能及时回收，可以大大减少地膜残留对土壤和环境的污染。用再生塑料和木粉制成的再生板材，不仅有良好的木质感，而且还有很多胜过木材的优点：耐湿耐高温，不怕发霉和虫蛀，不会因为太阳暴晒而开裂变形，维修成本也很低。在国外，再生板材因其性能优越而被大量应用。而它最绿色之处是100%可回收再利用。理论上来说，这种板材可以无数次地循环使用，粉碎后可以重新制成不同尺寸、颜色、造型的产品。

（四）燃料的提取材料

燃料的提取材料是将回收来的残膜通过风选、清洗、破碎、打包或造粒，然后通过高温催化裂解等技术处理，从中获取汽油、柴油等可用燃料。在当前石油价格居高不下，塑料原料大幅度涨价，塑料加工企业步履艰难，如果采取合理措施使一次性地膜得到回收利用，不仅使环境得到保护，而且做到资源再生。

第三节 生态循环农业技术

生态循环农业是将种植业、畜牧业、渔业等与加工业有机联系的综合经营方式，其利用微生物科技在农、林、牧、副、渔多模块间形成整体生态链的良性循环；它将为解决农业污染、优化产业结构、节约农业资源、提高产出效果、改造农业生态、保障食品安全等提供系统化解决方案，并打造一种新型的多层次循环农业生态系统，成就出一种良性的生态循环环境。生态循环农业技术主要包括减量化技术、再利用技术、再循环技术等。

一、减量化技术

循环农业的减量化技术是指在农业生产的全过程中用较少的物质和能源消耗来达到预定的生产目标，从源头节约资源和减少污染的技术。这些技术主要是通过开发和使用新的高效资源、高效品种、高效农艺和高效率的农业机械及加工设备，来替代原来使用的资源、品种、农艺、工艺和农机等，以提高资源和生产资料的利用效率，减轻生产和消费过程中的环境压力。采用节水工程、节水灌溉、节水栽培或旱作农业、生物节水或抗（耐）旱品种、保护性耕作、水循环利用、保水剂等节水技术（品种或药剂）；采用种满种严、合理密植、立体种植、设施农业、中低产田改造、“三荒地”改造、荒漠化农田复垦、小流域治理等节地技术；采用种子精选、精量播种、种子包衣、工厂化育苗、组织培养、人工授粉或授精、育苗移栽、低温储藏、提纯复壮等节种技术；采用测土配方施肥、复合专用肥、缓释肥、植株营养诊断与测土配方施肥、制作与施用有机肥、秸秆还田、精准施肥、随水施肥、农牧废弃物发酵肥等节肥技术；采用病虫害综合治理、理化诱杀、生物防治，使用高效、低毒、低残留农药，使用高效精准喷（撒）药器械，监测与预警，检测检疫等节药技术；采用太阳能杀虫器（装置），太阳能照明、洗浴，生物质能燃料制作与应用，高效低能耗机械或设备，替代性新能源等节电技术；采用生物质转化的清洁能源——沼气、生物质气化燃气、生物质发电、太阳能热水器、生物质固化燃料等节柴技术；采用生物柴油、节油工艺或农艺、节油机械和设备等节油（石油和柴油）技术；采用生态发酵床养猪、精深加工、精准播种、精细收获、科学储运、配合饲料养殖等节粮技术；采用生产过程机械化、设施农业自动调控、新型农民的培养等减人技术。由此可见，在农业生产的产前、产中、产后，减量化技术都有着广阔的发展与应用空间。“九节一减”抓好了，不仅可以降低农业生产成本，减轻农民负担，还可以增加农民收入，保护农业生态环境，有效治理农业污染，是实施可持续发展战略的重要抓手和有效措施之一。如以貌似神秘的信息化、智能化为特征的高新农业机电装备，通过定量、精确、联合作业、自动控制等技术来实现农业资源的减量化。

二、再利用技术

再利用技术是通过延长原料或产品的使用周期，达到多次重复使用来减少资源消耗的目的。传统农业用高投入和粗放经营方式来换取短期内较高的农业产量，但却要为之付出巨大的生态代价，而农产品质量还难以保证。循环农业则倡导农业资源的多级循环利用和适度的外部投入，农业产量和农产品品质却会有极大的提高，而其生产成本则会随之降低，经济效益和生态效益将明显提高。循环农业的这一特点的形成还得借助于再利用技术的应用。例如，江苏省常熟市开发研制出先进的技术工艺，把豆粕当作原料，从中提取大豆蛋白质，再加工成天然纤维，成为当今流行的“绿色纤维”，剩余的豆渣还可生产颗粒有机肥，循环用于农业。当前可用的再利用技术如下。

（一）立体种养技术

立体种养技术是利用农作物和畜禽对生态因子需求的差异，将不同农作物集中于一个层次或单元之中，或不同畜禽分居在同一单元的不同层次上，从而充分利用空间和土地资源的技术。如粮菜、果粮、粮（玉米）油（花生）等间作套种，蔬菜立体栽培、林下养菇、林下药材、果园种草或果园牧禽、果园甘薯、果园花生、舍内鸡猪分层饲养、池塘分层养鱼等。

（二）设施农业技术

利用设施保温、增温、保水、透光等特点，在北方地区变季节性种植（蔬菜、果品、花卉）为周年种植，其原理就在于设施使土地、光、气、热等农业资源得到再利用。原本自然状态下积温不够而制约着光、气、土的利用率，而设施使其内的积温达到作物周年生育的需求，并使土地、光、气有效地耦合，形成了周年生产效应。北京地区在自然状态下，一些果菜类一年内只能种一茬，如番茄、茄子、辣椒等只能是春种夏收，一到冬季，市民们只能靠秋种的大白菜、大萝卜等过日子，而如今，依然在同一个地方，只因采用设施栽培，则一年四季都可种植蔬菜和水果。

（三）精深加工增值技术

农产品加工增值是发展循环农业的潜力和后劲所在。这是因为农产品加工可使单一的农业初级产品延伸开发出许多人类生活和其他产业需要的产品。有资料表明，当今世界上以玉米为原料的加工业有制粉、饲料加工、制淀粉、制糖、酿造、提胚榨油、玉米食品加工、制药等 8 个主要方面。仅以玉米淀粉为原料的加工品已达 500 多种，那些衍生产品都不需农业自然资源的直接投入，而每精深加工一次就会带来一次增值。实践表明，精深加工是延伸循环链、提升循环效率和效益的出路所在。中国农业科学院作物科学研究所研究开发的绿豆皮综合利用加工技术，可使那些生产绿豆芽留下的大量绿豆皮变废为宝，再生产出绿豆皮全粉胶囊、绿豆皮解酒胶囊、绿豆皮膳食纤维等 3 种高附加值产品。农产品加工技术不只限于人类直接食用的农产品，还包括农业非食用生物产品，如秸秆、残枝落叶、果壳等加工食用菌养殖基料、加工生物质能源、加工有机肥，甚至加工工业板材等。

三、再循环技术

再循环技术是使物质与能量持续高效率和持续高效益的动力，发展循环农业必须加强再循环技术的创新与应用。

（一）用地养地技术

土地是农业的立足之本。常言道：万物土中生、有土斯有粮。然而土地是不可再生的农业资源，支配土地的人则是可再生的，并且随着社会经济的进步、科学的发展，世界上的人口发生着爆炸性增长，人均占有土地的份额正急速下降，并已出现全球性“生态赤字”。如何遏制或缓解这种势头，其根本出路就在于提高土地资源利用的效率和效益，使一亩地产出过去几亩地的效益来。科学试验表明，肥料对农业增产的贡献在40%左右。肥料不仅给作物提供必要的营养，还可改善土壤的团粒结构，提高土壤的通透性和保水、保肥能力。

用地养地是循环农业运营中最基本的技术措施。这里所讲到的养地主要是施用农家肥或称有机肥。因这种肥料是天然的复合肥，含有多种营养素，且来源广泛，有人畜粪便、作物秸秆、残枝落叶、农产品加工废弃物等经微生物发酵，有的腐熟后直接还田，有的制取沼气后的沼液、沼渣还田。在上述有机肥资源中，作物秸秆、残枝落叶还田的形式有直接粉碎还田，让它在土壤中发酵、腐熟成肥料；有加工成饲料经牲畜过腹还田；有加工成食用菌基质，生产食用菌后的菌棒再加工成肥料还田。利用有机物培肥地力的办法还有种植绿肥作物、施用生物肥，让它们吸收空气中的氮增加土壤肥力等。通过增肥地力来提高土地生产力，使有限的耕地产出优质、高产的产品。

（二）节水农业技术

节水农业技术是指充分利用自然降水和高效利用灌溉水的现代农业技术，其核心是在有限的水资源条件下，采用先进的工程技术、适宜的农业技术和用水管理技术等综合措施，充分提高农业用水的利用效率和生产效益。当前，新型节水农业技术主要包括喷灌、微灌、渗灌、生物性节水等。

1. 喷灌

喷灌是一种机械化高效节水灌溉技术，具有节水、省力、节地、增产、适应性强等特点，被世界各国广泛采用。喷灌几乎适用于除水稻外的所有大田作物、蔬菜、果树等，对地形、土壤等条件适应性强。喷灌的主要缺点是耗能大、投资高，不适宜在多风条件下使用。

2. 微灌

微灌包括微喷和滴灌，是一种现代化、精细高效的节水灌溉技术，具有省水、节能、适应性强等特点。当前，微灌已由果树、蔬菜等经济作物向行播大田作物发展。微灌的主要缺点是易于堵塞、投资较高。

3. 渗灌

渗灌是一种地面下低压微灌技术，主要靠埋在地面下的低压管道在作物根部滴漏、渗水，能将作物所需的水、养分、空气等直接输送到作物根系区。它具有减轻土壤板结，改善土壤的通气性能，灌溉均匀度高，利于水、养分的吸收。

4. 生物性节水

生物性节水是指利用和开发生物体自身的生理和基因潜力，在同等水供应条件下能够获得更多的农业产出。生物性节水技术主要有抗旱节水品种筛选、生理调控技术。抗旱节水品种是指抗旱性强、水分利用效率高、综合性状优良的作物品种。培育或引进适合当地条件的节水高产型品种是降低作物耗水量、提高水分利用效率的一项重要措施。生理调控技术是通过在植物生长的某些阶段人为控制给水量，在提高产品品质的同时，达到节水优质、降低生产成本。

第四节　病虫害绿色防治技术

病虫害绿色防控技术是指以确保农业生产、农产品质量和生态环境安全为目标，以减少化学农药使用为目的，优先采取生态调控、生物防治、物理防治和科学用药等环境友好型技术措施控制农作物病虫为害的行为。

一、生态调控

（一）培育和应用抗性品种

利用寄主生物的抗性原理，通过育种技术和方法，培育出能抵御病虫侵袭的农业优势品种或品系，减少农药的用药量。

(二) 改变耕作方式

利用轮作、间作、套作等种植方式控制病虫害。轮作是通过不同作物茬口特性的不同，减轻土壤传播的病虫害。间作及套作等是通过增加生物种群数目，控制病虫害。

(三) 改变耕作时间

通过收获和播种时间的调整来防治或减少病虫害。各种病、虫都有其特定的生活周期，通过调整作物及收获时间，打乱害虫食性时间或错开季节，可有效地减少其为害。

二、生物防治

(一) 性诱剂诱杀

昆虫性诱剂是模拟自然界的昆虫性信息素，通过释放器释放到田间来诱杀异性害虫的仿生高科技产品。该技术诱杀害虫不接触植物和农产品，没有农药残留之忧，是现代农业生态防治害虫的首选方法之一。

(1) 根据不同防治对象选择使用。

(2) 性诱剂要在害虫发生早期、虫口密度较低时开始使用。

(3) 要及时更换诱芯和适时清理并深埋诱捕器内的死虫。一般诱芯一个月更换一次。

(4) 根据农作物面积大小设置合理数量的性诱剂及诱捕器。

(二) 利用天敌

通过利用和保护自然界中的益虫和寄生性微生物可以有效地捕杀害虫，起到防虫、治虫的作用。如七星瓢虫、异色瓢虫、食蚜蝇、食蚜蝇蚊、小花蝽、蚜茧蜂、食蚜蝽等 10 余种昆虫可捕食蚜虫，微生物蚜霉菌也可杀灭蚜虫，中华草蛉可捕食叶螨和鳞翅目昆虫的卵，广赤眼蜂、拟澳洲赤眼蜂、绒茧蜂、花蝽、黄蜂、食虫蝽是菜粉蝶天敌。施药时注意应使用高效低毒低残留的农药，不能随意加大药量及施药浓度，以确保天敌安全生存、繁殖，增加其种群数量，以帮助人类杀灭害虫，抑制害虫的生长发育，减轻害虫为害。

三、物理防治

（一）防虫网应用

防虫网是一种新型的农用覆盖材料，具有抗拉强度大、抗热、耐水、耐腐蚀、无毒无味等优点。其防虫原理是采用物理防治的方法，即以人工构建的隔离屏障，将害虫拒之网外；同时，不同颜色的防虫网的反射、折射光，对害虫还能产生一定的驱避作用。应用防虫网进行农作物栽培，能达到较好的防虫保菜的效果。目前主要用于棚室农作物生产，通过对温室和大棚通风口、门口进行封闭覆盖，阻隔外界害虫进入棚室内为害，以减少病虫害的发生。

1. 根据防治对象选择适宜的防虫网目数

防虫网使用中要根据不同的防治对象选择适宜的防虫网目数，如20目、32目可阻隔菜青虫、斜纹夜蛾等鳞翅目成虫，40目、60目可阻隔烟粉虱、斑潜蝇等小型害虫。

2. 全程严密覆盖直至收获

防虫网要在作物整个生育期全程严密覆盖直至收获。

（二）粘虫板的应用

1. 根据诱杀的害虫种类选择适宜颜色的粘虫板

要根据诱杀的害虫种类选择适宜颜色的粘虫板。黄色粘虫板主要诱杀粉虱、斑潜蝇、蚜虫等害虫，蓝色粘虫板主要诱杀蓟马等害虫。

2. 粘虫板的悬挂高度和密度

粘虫板悬挂高度要高出植株顶部20 cm，一般情况下25 cm×

40 cm粘虫板每亩悬挂20块。

3. 粘虫板的悬挂时间

粘虫板悬挂时间要在农作物苗期和定植早期无虫害时进行悬挂以确保防治效果。

4. 防虫网和粘虫板配套使用

防虫网和粘虫板必须配套使用以达到最佳防治效果。

（三）悬挂频振式杀虫灯

频振式杀虫灯杀虫机理是运用光、波、色、味4种诱杀方式杀灭害虫。近距离用光，远距离用波，加以黄色外壳和味，引诱害虫飞蛾扑灯，外配以频振高压电网触杀。在杀虫灯下套一只袋子，内装少量挥发性农药，可对少量未击毙的蛾子熏杀，从而达到杀灭成虫、降低田间产卵量、减少害虫基数、控制害虫为害农作物的目的。频振式杀虫灯具有诱杀力强、对益虫影响较小、集中连片效果好、操作方便、维护生态平衡等优势。

1. 安装

可吊挂在牢固的物体上，用8号铅丝将其固定。操作方法：灯间距离180~200 m，离地面高度1.5~1.8 m，安装时要注意所使用电源是否稳定，否则可能会影响使用寿命。接通电源，按下开关，指示灯亮即进入工作状态。

2. 注意安全

频振式杀虫灯作为一种特殊光源，不能用于照明，使用时要注意安全。接通电源后不能触摸高压电网，此外，还要及时清理高压电网上的污垢。即一天诱杀工作完成以后，由专管员清理虫源，并将灯上的虫垢清扫干净。要注意关灯后工作，以免电击伤人。

四、科学用药

（一）科学选药

选用高效低毒、低残留、强选择性农药，根据农产品的生产目的、级别，参照防治对象的种类、农药的价格，做到科学地选择农药。

（二）适时施药

根据防治对象的发育时期和农药品种的特性，科学确定适时施药的时间，尽可能减少防治次数，在保证药效的前提下，降低成本。

（三）均匀施药

施药时要求做到均匀施药，使作物上的病部和虫体都能喷到农药，保证防治效果，喷雾应尽可能使叶片正反两面均匀覆着农药。粉剂施用要尽可能利用早晚田间有露水时进行，以增加药粉附着量，提高防效，风速大时不要喷药，以防飘移浪费。

（四）科学储药

要放在阴凉、干燥通风处，防止高温或强光下暴晒，配好的药液，要当天用完，水剂在冬天要注意防冻；要在保质期内用完。

第五节　秸秆综合利用技术

一、秸秆能源化技术

秸秆的碳含量很高，如小麦、玉米等秸秆的含碳量达到 40% 以上；小麦、玉米秸秆的能源密度分别为 13 MJ/kg、15 MJ/kg。秸秆作为农村的主要生活燃料，其能源化用量分别占农村生活用能的 30%（小麦）、35%（玉米）。现行的秸秆能源化利用技术主要有秸秆直燃供热技术、秸秆气化集中供气技术、秸秆发酵制沼技术、秸秆压块成型及炭化技术等。

（一）秸秆直燃供热技术

作为传统的能量交换方式，直接燃烧具有简便、成本低廉、易于推广的特点，在秸秆主产区可为中小型企业、政府机关、中小学校和比较集中的乡镇居民提供生产、生活热水和用于冬季采暖。目前，英国、荷兰、丹麦等国家已采用大型秸秆锅炉用于供暖、发电或热电联产。我国秸秆直燃供热技术起步较晚，适合我国农村使用，运行费用低于燃煤锅炉的小型秸秆直燃锅炉的研究正在进行之中。

(二) 秸秆气化集中供气技术

秸秆气化是高效利用秸秆资源的一种生物转化方式。原料经过适当粉碎后，在缺氧状态下不完全燃烧，并且采取措施控制其反应过程，使其变成一氧化碳、甲烷、氢气等可燃气体。燃气经降温、多级除尘和除焦油等净化和浓缩工艺后，由罗茨风机加压送至储气柜，然后直接用管道供给用户使用。秸秆气化集中输供系统通常由秸秆原料处理装置、气化机组、燃气输送系统、燃气管网和用户燃气系统等5个部分组成，供气半径一般在1 000 m以内，可以供百余户农民用气。秸秆气化经济方便、干净卫生。然而，大规模推行秸秆制气还需解决气化系统投资偏高、燃气热值偏低以及燃气中N_2与焦油量偏高等问题。

(三) 秸秆压块成型及炭化技术

秸秆的基本组织是纤维素、半纤维素和木质素，它们通常可在200℃、300℃下被软化。在此温度下将秸秆软化粉碎后，添加适量的黏结剂，并与水混合，施加一定的压力使其固化成型，即得到棒状或颗粒状“秸秆炭”。若再利用炭化炉可将其进一步加工成为具有一定机械强度的“生物煤”。秸秆成型燃料容重为1.2~1.4 g/cm^3，热值为14~18 MJ/kg，具有近似中质烟煤的燃烧性能，且含硫量低、灰分小。其优点是制作工艺简单、可加工成各种形状规格、体积小、储运方便；利用率较高，可达到40%左右；使用方便、干净卫生，燃烧时污染极小；除民用和烧锅炉外，还可用于热解气化产煤气、生产活性炭和各类“成型炭”。

二、秸秆肥料化技术

农作物秸秆中含有丰富的有机质和氮、磷、钾等营养元素，以及钙、镁、硫等微量元素，是可利用的有机肥料来源。秸秆肥料化技术的关键是还田。秸秆还田技术有利于秸秆内营养成分的保存、增加土壤的有机质、培肥地力、提高作物产量、减少环境污染，是增效、增肥、改土的有效途径。

秸秆还田技术按粉碎方式可分为人工铡碎法和机械粉碎法两种：人工铡碎法是将秸秆铡碎后与水、土混合，堆沤发酵、腐熟，均匀地施于土壤中；机械粉碎法是在田间直接粉碎还田，在人工摘穗或机械摘穗的同时，用配套的粉碎机切碎秸秆，撒铺于地表，然后再用旋耕机耙两遍，再次切碎茎秆，随之入土，此法工效高，质量好，适于大面积推广。

随着生态工程原理在农业上的深入应用，传统的秸秆还田技术也不断得到改进，由秸秆直接还田（一级转化）逐步转变为“过腹”还田（二级转化）和综合利用后还田（多级转化），使秸秆的物质和能量得到充分合理的利用，生产效益、经济效益和生态效益明显提高。

秸秆直接还田，即一级转化，又可分为秸秆就地翻压和制作秸秆堆肥。秸秆就地翻压还田的技术要求有：秸秆还田要及时，应选择秸秆在青绿时进行，以便加快秸秆腐烂；采用联合收割机收获时，如果秸秆成堆状或条状，应采取措施将秸秆铺撒均匀，以免影响秸秆还田的效果；在机械作业前，应施用适量的氮肥，以便加速秸秆的腐烂；要及时耕地灭茬和深耕；要浇足塌墒水，防止架空影响幼苗生长。制作秸秆堆肥还田的具体做法是把铡碎的秸秆与适量的粪、尿、土混拌，经过有氧高温堆制或直接圈成土杂肥。高温堆肥是根据不同的地区和不同的季节，分别用直接堆沤、半坑式堆沤、坑式堆沤的方法进行堆置；自然发酵堆肥是将秸秆直接堆放在地面上，踩紧压实后，在上面泼洒一定数量的石灰水或粪水，用稀泥或塑料布密封，使其自然发酵，该法简便易行，缺点是发酵过程缓慢，时间较长。秸秆直接还田是把原来的废料转化为植物能够利用的原料，尽管对秸秆的生产能力是最低限度的发挥，但在一定程度上可缓和土壤缺肥的矛盾。

秸秆过腹还田，即二级转化，是将秸秆作为饲料，经过动物利用后，排出粪便用于还田。过腹还田不仅提高了秸秆的利用效率，而且避免了秸秆直接还田的一些弊端，尤其是调整了施入农田有机质的碳氮比，有利于有机质在土壤中的转化和作物对土壤中有效态氮的吸收。

秸秆过腹还田的方法大体上有 3 种：直接饲喂、氨化后饲喂、微生物发酵处理后饲喂。氨化处理简称秸秆氨化，指将切碎的秸秆填入干燥的壕、窖或地上垛压实，处理后的秸秆，浇过氨水，氨化后的秸秆柔软、较适口，且秸秆吸收了一定的氨，对瘤胃动物补加了一定的无机氮，有利于其生长。微生物处理秸秆的方法较多，有秸秆发酵、微储、糖化等，都是在一定的温湿度条件下，接种一定的菌种，使秸秆进行了厌氧（或好氧）发酵后饲喂牲畜。微生物处理秸秆，提高了秸秆的营养价值，有利于养分的转化，适口性好，价格低，且不污染环境。

秸秆综合利用后还田，即多级转化。随着生态工程研究的发展，秸秆综合利用后还田的途径越来越多，一般的循环流程：秸秆先用来培育食用菌，菌渣作畜禽饲料（即菌糖饲料）养蚯蚓，蚯蚓喂鸡；畜禽粪便养蝇蛆喂鸡，粪渣用来制取沼气，沼渣用来培养灵芝；最后的废料再作肥料施于农田。

三、秸秆饲料化技术

秸秆作为一种牲畜粗饲料，其可消化的干物质含量占30%~50%，粗蛋白含量占2%~3%。由于秸秆中含有蜡质、硅质和木质素，不易被消化吸收，因此，秸秆直接作饲料的有效能量、消化率和进食量均较低，必须经过适当处理以改变秸秆的组织结构，提高适口性与牲畜对秸秆的消化率和采食量。

（一）秸秆微储饲料技术

秸秆微储技术是将微生物高效活性的菌种——秸秆发酵活杆菌加入秸秆中，密封储藏，经过发酵，增加秸秆的酸香味，变成草食动物喜欢食用的主饲料。该技术的特点：秸秆微储饲料成本低、效益高，在微储饲料中，每吨秸秆干物只需3 g秸秆发酵活杆菌，其生产成本只有氨化秸秆成本的17%，并且饲喂效果好于氨化秸秆；秸秆微储饲料消化率高，秸秆微储后，消化率提高21.14%~43.77%，有机物消化率提高29.4%；秸秆软化，且有酸香味，增加家畜食欲，可提高采食速度40%，食量增加20%~40%。

（二）秸秆热处理技术

秸秆热处理技术是指采用热喷技术和膨化技术，对秸秆进行热处理。

1. 热喷技术

热喷技术是指用由锅炉、压力罐、卸料罐等组成的热喷设备对饲料进行热喷处理。经过热处理的秸秆饲料，其采食量和利用率有所提高，秸秆的有机物消化率可提高30%~100%，其中，湿热喷精饲料比干热喷粗饲料消化率高10%~14%。如果用尿素等多种非蛋白氮作为热喷秸秆添加剂，其粗蛋白水平和有机物消化率将有所提高，氨在瘤胃中的释放速度将降低。

2. 膨化技术

膨化技术是将原料经过连续地调湿、加热、捏合后进入制粒机主体，由于螺杆、物料、脱气模与套筒间不断产生挤压、摩擦作用，使机内的气压与温度逐渐提高，处于高温、高压状态下的物料经模孔射出时，因机内气压和温度与外界相差很大，物料水分迅速蒸发，体积膨胀，使之形成膨胀饲料。其特点是适口性好，容易消化，饲料转化率高；膨化制粒后，体积增大而密度变小，保形性好；灭菌效果好，在膨化制粒过程中物料经高温、高压处理，能杀灭多种病菌；膨化料含水率较低，通常为6%~9%，可长期保存。

（三）秸秆青贮技术

将青绿秸秆切碎成长度为1~3 cm的碎块后，放入窖中，当装至20~25 cm厚时，人工踏实。以此类推，直至装满（高出窖面0.5~1 m），然后严密封顶。其要求是切碎长度要严格一致，添加尿素和食盐要拌均匀，踏实不留空隙，封顶不许有渗漏现象。一般经过50~60天便可饲喂。其优点是青贮饲料营养成分含量高，软化效果好，含水量一般在70%左右，质地柔软、多汁、适口性好、利用率高，是反刍动物在冬季、春季的理想青饲料。

（四）秸秆氨化技术

秸秆氨化技术是指利用氨的水溶液对秸秆进行处理。氨化时，预先将含水量在35%~40%的秸秆切成2 cm左右的长度，均匀地喷洒氨水或尿素溶液，然后用无毒塑料膜盖严密。经过氨化处理的秸秆，其纤维素、半纤维素与木质素分离，使细胞壁膨胀，结构松散；秸秆变得柔软，易于消化吸收；饲料粗蛋白增加，含氮量增加一倍。

四、秸秆材料化技术

秸秆不仅可以用来生产保温材料、纸浆原料、菌类培养基、各类轻质板材和包装材料，还可用于编织业、酿酒制醋和生产人造棉、人造丝、饴糖等，或提取淀粉、木糖醇、糖醛等。这些综合利用技术不仅把大量的废弃秸秆转化为有用材料，消除了潜在的环境污染，而且具有良好的经济效益，实现了自然界物质和能量的循环。

（一）生产可降解的包装材料

用麦秸、稻草、玉米秸、棉花秸秆等生产出的可降解型包装材料，如瓦楞纸芯、保鲜膜、一次性餐具、果蔬内包装袋衬垫等，具有安全卫生、体小质轻、无毒、无臭、通气性好等特点，同时又有一定的柔韧性和强度，制造成本与发泡塑料相当，但是大大低于纸制品和木制品。在自然环境中，可降解型包装材料在一个月左右即可全部降解为有机肥。

（二）生产建筑装饰材料

将粉碎后的秸秆按照一定的比例加入黏合剂、阻燃剂和其他配料，进行机械搅拌、挤压成型、恒温固化，可制得高质量的轻质建材，如秸秆轻体板、轻型墙体隔板、黏土砖、蜂窝芯复合轻质板等，这些材料成本低、重量轻、美观大方，而且生产过程中无污染。目前，秸秆在建材领域内的应用已相当广泛，由于产品附加值高，且能节约木材，具有发展前景。

（三）生产工业原料

玉米秸、豆荚皮、稻草、麦秸、谷类秕壳等经过加工所制取的淀粉，不仅能制作多种食品与糕点，还能酿醋酿酒、制作饴糖等。如玉米秸含有 12%～15%的糖分，其加工饴糖的工艺流程：原料—碾碎—整料—糖化—过滤—浓缩—冷却—成品。

（四）用作食用菌的培养基

秸秆营养丰富、成本低廉，适宜作为多种食用菌的培养料。目前国内外用各类秸秆生产的食用菌品种已达20多种，主要包括草菇、香菇、凤尾菇、黑木耳、银耳、猴头菇、毛木耳、金针菇等品种。一般100 kg稻草可生产平菇160 kg；而100 kg玉米秸秆可生产银耳或猴头菇、金针菇50~100 kg，可产平菇或香菇等100~150 kg。一项测定证明秸秆栽培食用菌的氮素转化效率平均为20.9%，高于羊肉（6%）和牛肉（3.4%）的转化效率，是一条开发食用蛋白质资源、提高居民生活水平的重要途径。

（五）用于编织业

秸秆用于编织业最常见、用途最广的就是稻草编织草帘、草苫、草席、草垫等草编制品。

第六章　产业化经营与管理

第一节　农业产业化经营模式

一、龙头企业带动型（公司+基地+农户）

龙头企业带动型的产业化经营是以农产品的加工、储藏、运销企业为龙头，围绕一个产业或一种产品，实行产、加、销一体化经营的产业化经营模式。龙头企业外辖国内外市场，内辖农产品生产基地与农户，形成一种“公司+基地+农户”的产业组织形式，在这种产业化经营的组织模式下，经济利益主体主要是龙头企业和农户两方。龙头企业和农户之间的利益连接方式主要是合同契约，利益分配主要是保护价让利、纯收益分成等。

二、中介组织带动型（中介组织+农户）

中介组织带动型的产业化经营模式是以从事统一农业生产项目的若干农户按照一定的章程联合起来，组建多种形式的农民专业合作经济组织，如蔬菜专业协会、养鸡协会、葡萄专业合作社、花卉销售合作社等，在这些中介组织的带动下，进行农产品产、加、销一体化经管的产业化经营模式。在这种产业化经营的组织形式下，经济利益主体主要是中介组织与农户两方。他们之间的经济利益通过组织章程及合同连接起来。中介组织的盈余，在提取一定积累后，一部分按交易量返还给成员，另一部分按成员入社股金进行分红。

三、市场带动型（专业市场+农户）

市场带动型是以专业市场或专业交易中心为依托，形成商品流通中心、信息交流中心和价格形成中心，带动区域专业化生产，实行农产品的产、加、销一体化经营，从而扩大生产规模，形成产业优势，节省交易成本，提高营运效率。

四、合作经济组织带动型（农民专业合作社或专业协会+农户）

专业合作经济组织带动型是农民自己创办专业合作社或专业协会等合作经济组织，使其在产业化经营中为农民提供产前、产中及产后的多种服务，一方面为入社农户统一提供生产资料、信息、服务，帮助农户解决生产资金；另一方面组织入社农户统一生产、统一加工、统一包装、统一价格销售，参与专业化、商品化的农业生产经营，解决了个体农户分散生产、实力弱小，进入市场渠道不畅的问题。

五、科技带动型（科研单位+农户）

科技带动型的产业化经营模式是以科技单位为龙头，以先进技术的推广应用为核心，在科技龙头的带动下，实现农产品产、加、销一体化经营的产业化经营模式。在这种产业化经营的组织形式下，主要的利益主体是科研机构与农户两方。在这种组织模式中，收益按比例分成。

六、主导产业带动型（主导产业+农户）

主导产业带动型农业生产化经营模式是从利用当地资源，发展特色产业和优势产品出发，发展“一乡一业”“一村一品”“数村一品”，形成生产、加工、销售一体化经营的农业产业集群或产业价值链。在这一产业化经营组织形式下，农产品加工者、营销者与生产者（农户）之间的连接关系是相当松散的，它们之间没有成文的合同约束，互相之间的经济利益是靠市场交换联系起来的，从相互之间的公平买卖，等价交换中，实现了各自的经济利益。

由此可见，可供选择的产业化经营模式类型多样，农业企业应因地制宜地选择适合自己的经营模式，并在市场化、产业化的发展过程中不断创新完善。

第二节　农业产业化经营的组织与管理

一、农业产业化经营的运行机制

（一）利益分配机制

农业产业化经营的利益分配机制主要有以下几种情形。

1. 公司型龙头企业与农户之间的利益分配机制

第一种是松散型分配机制，按照市场交换原则相互进行平等交易，与一般市场买卖关系相类似；第二种是紧密型分配机制，龙头企业按照系统内非市场安排与市场机制相结合的方式，对农户提供服务，并按内部合同保护价收购农户的产品，农户即可获得交售农产品的一般利润，还能得到一定利润返还。

2. 合作经济组织内部的利益分配机制

合作经济组织内部的利益分配，一般按合作社或协会章程和合作合同规定进行。农户作为专业合作社或专业协会的成员，从合作经济组织中得到信息、科技、加工、运销服务。农户既是农业共营系统中的生产者，又是合作经济财产的共有人，合作社的盈余分配一般按合作社与成员的交易量或交易额按比例返还。

3. 股份合作制经济组织与农户之间的利益分配机制

许多地方的合作经济组织和集体经济组织，发展产业化经营，引入了股份制，形成股份合作制经济或股份制集体经济。其中，农户既是生产者又是股东，一方面获得作为生产者的利益，另一方面又按股分红，得到投资回报。农民自办的股份经济组织与此相类似。

（二）营运约束机制

1. 市场约束机制

产业化经营各参与主体面对千变万化的大市场，都有原料供应或产品销售方面的风险。市场一般从需求、价格、竞争等方面约束产业化经营。产业化经营组织只有做到按需生产，才能有效避免价格波动带来的风险。产业化经营组织可在当地建立专业市场、发布网络信息，招引天下客商，也可行建立渠道、网点等。

2. 合同约束机制

合同或协议一经签订就具有连续性、稳定性与法律效力。合同约束机制是产业化经营普遍采用的运行方式。龙头企业与基地（村）和农户签订的产销合同、资金扶持合同、土地流转合同以及技术成果引进推广合同等，都明确规定了各方的权利义务，双方必须诚实守信，严格履约，确保双方的合法权益不受侵害。

3. 专业承包约束机制

有的地方将一体化经营分为两大部分：一部分是农产品加工和运销，实行公司制经营，向国内外市场出售其制成品；另一部分是种植业初级产品生产，在坚持家庭联产承包经营体制的前提下实行专业承包经营，以所属公司为甲方，专业承包大户为乙方，签订专业承包合同，规定甲乙双方在农业生产经营中的责权利。甲方为乙方提供各种服务，乙方实行科学种田，完成所承担的生产任务。

4. 管理约束机制

在产业化经营系统中，企业与企业之间、企业与农户之间实行股份合作，互相参股；有的农户以土地、资金、技术向企业参股，形成新的资产关系。龙头企业演化成为股份合作制法人实体，而入股农户则成为企业的股东和企业车间型经营单位，他们相互依存、共兴共荣。入股农户不仅可以凭股分红，而且还能从龙头企业以低于市场价的价格采购到生产资料。因此，无论是股份制还是合作制，都要建立民主管理体制。

(三) 基本保障机制

1. 组织保障

是否建立稳定的组织是判断某个经营实体是否实施产业化经营的一个重要标准，也是制定与执行各种制度的承担者和重要保证者。首先，产业化经营组织载体，特别是合格的龙头企业极为重要，因为它是制度的制定者和主要执行者；其次，农民专业合作社、农产品专业协会与其他联合自助组织同样重要。农民的组织化程度越高，制度效率和经营效率就越高，经营过程中的交易成本就越低。

2. 制度保障

产业化经营系统要健全有关规章制度，如合同产销制度、价格保护制度、风险基金制度等。合同产销制度是订单农业的具体体现，实行合同产销制度可以减少生产的盲目性，真正体现以销定产，按需生产。价格保护制度是在农产品产销合同中以完全成本加平均利润的基准明确规定所收购农产品的价格，避免因市场价格波动对农户利益造成损失。风险基金制度则是为防范农业的自然风险和市场风险而由龙头企业自建或是由龙头企业、政府、农户共建的一种保障制度，目的是将农业的经营风险降低到最低限度。

3. 非市场安排

农业产业经营系统内非市场安排是龙头企业与参与农户之间的一种特殊利益关系，也是一种特殊的资源配置方式。这种特殊安排是保证产业化经营系统再生产过程连续有序运行，保证系统内各利益主体权益稳定的重要手段。主要内容有资金扶持、低价供应或赊销农业生产资料等。

二、农业产业化经营的组织实施

实施农业产业化经营，应重点抓好以下几个关键环节。

(一) 因地制宜，确定区域特色优势产业

市场经济条件下，区域主导产业的确定是实施产业化经营的重要前提。确定主导产业要遵循因地制宜、扬长避短的原则，以市场为导向，立足本地的资源禀赋条件和特色优势，发展各具特色、布局合理的优势产业和产品，从而形成区域性特色主导产业。如甘肃的玉米制种，酿造原料，马铃薯、中药材生产基地；新疆的优质彩棉、糖料生产基地；四川的优质亚热带水果生产基地；云南、贵州的花卉、烟草生产基地；青海、西藏的草地畜牧业生产基地等都是从当地资源优势出发，以市场为导向确定的区域性主导产业。

(二) 积极培育农村市场，大力扶持龙头企业

在产业化经营中，农户深感信息闭塞，渠道不畅，生产的农产品销售困难。许多乡镇至今尚无成形的农产品集散市场，农户为销售产品，只好将自己的产品运送到有市场的乡镇，这

不仅造成利润的外流，而且增加了农民的运输成本、时间成本。因此，各级地方政府应大力发展农产品批发市场，重点加强仓储、保鲜、运输、加工等基础设施建设，增强市场的配套服务功能，有重点、有针对性地进行贯穿城乡、辐射全国、带动功能强的农产品专业批发市场建设，为产业化经营创造良好的市场环境。

（三）切实抓好商品农产品基地建设

商品农产品基地是龙头企业的依托，也是产业化经营的基础。因此，各地要从自身实际出发，通过调整农业产业结构、优化区域布局，有计划、有步骤地加强农产品商品基地建设，要突出区域特色，选准主攻方向，培育支柱产业，发展特色产品，逐步形成与资源特点和市场需求相适应的区域化经济格局。

（四）建立完善务实高效的农业社会化服务体系

农业社会化服务体系是实施产业化经营的重要环节。因此，要逐步建立起以农民专业合作经济组织为基础，以农业经济技术部门为依托，以农民自办服务实体为补充的多行业、多经济成分、多形式、多层次、高效率、功能齐全、设施配套的农业社会化服务体系，强化农业产前、产中、产后的系列化配套服务，以确保产业化经营的持续稳定发展。

（五）完善内部经营机制，正确处理产业化内部的利益分配关系

以经济利益为纽带，形成利益共享、风险共担的分工协作关系是产业化经营持久发展的内在动力。因此，应按照市场经济的运行机制，正确处理龙头企业与农户、龙头企业与其他服务组织的关系。应本着欲取先予、让利于民的原则，在产业系统内部统一核定农副产品价格，企业把加工销售环节的部分利润返还给农

民；通过预付定金，赊销化肥、种子、饲料、苗木等生产资料，扶持农民进行规模化、标准化生产。积极探索利用契约方式发展订单农业的运行机制，使产业化经营组织真正成为风险共担、利益共享的经济共同体。

第七章　农产品质量安全

第一节　农产品质量安全追溯管理

一、农产品质量安全追溯概述

2021年7月29日，农业农村部印发的《农产品质量安全信息化追溯管理办法（试行）》，明确了农产品质量安全追溯的概念。农产品质量安全追溯是指运用信息化的方式，跟踪记录农产品生产经营者主体和产品流向等农产品质量安全信息，满足政府监管、企业经营和公众查询需要的管理措施。

支持有业务需求的产地农产品经销商、运输企业或个人，流通市场的农产品经营企业或个人，参照《农产品质量安全信息化追溯管理办法（试行）》进行注册管理并使用国家追溯平台。其配套制度包括《国家追溯平台主体注册管理办法（试行）》《国家追溯平台信息员管理办法（试行）》《国家追溯平台追溯业务操作规范（试行）》《国家追溯平台监管、监测、执法业务操作规范（试行）》《国家追溯平台追溯标签管理办法（试行）》。

2022年9月2日，第十三届全国人民代表大会常务委员会第三十六次会议通过了修订后的《中华人民共和国农产品质量安全法》，其中指出：国家对列入农产品质量安全追溯目录的农产品实施追溯管理。国务院农业农村主管部门应当会同国务院市场监督管理等部门建立农产品质量安全追溯协作机制。农产品质量安全追溯管理办法和追溯目录由国务院农业农村主管部门会同国务院市场监督管理等部门制定。国家鼓励具备信息化条件的农产品生产经营者采用现代信息技术手段采集、留存生产记录、购销记录等生产经营信息。

二、国家追溯平台主体注册管理

（一）注册管理的对象

农产品生产经营者和县级以上农产品质量安全监管机构、检测机构和有业务需求的农产品质量安全执法机构使用国家追溯平台的，应当进行主体注册。

农产品生产经营者的注册管理工作由其生产经营所在地县级农产品质量安全监管机构牵头负责，乡镇监管机构配合。县级以上农产品质量安全监管机构主体注册管理工作由上级农产品质量安全监管机构负责，检测机构以及有业务需求的农产品质量安全执法机构主体注册管理工作由本级农产品质量安全监管机构负责。

（二）生产经营主体注册方法

农产品生产经营者主体注册实行申请审核制度。申请加入国家追溯平台的农产品生产经营者，应当登录国家追溯平台，创建用户账号，填写主体基础信息，包括但不限于主体名称、证件类型、企业注册号（主体社会信用代码）、组织机构代码、营业期限、所属行业、主体类型、主体属性、注册所在地、详细地址、经纬度坐标（自动生成）、法定代表人姓名、法定代表人证件类型、法定代表人证件号码、法定代表人联系电话、联系人姓名、联系人证件类型、联系人证件号码、联系人电话、联系人电子邮箱；上传相关证明材料，包括但不限于主体证照信息（营业执照)、法定代表人证照信息(法定代表人证照信息属于非必填项，可根据所在地县级监管机构要求上传)。

县级农产品质量安全监管机构应当指定专人负责农产品生产经营者的注册申请，在5个工作日内完成申请资料审核。

农产品生产经营者主体注册申请审核通过后，即自动获得国家追溯平台用户账号使用权限。登录后在首页“个人中心”将生成全国通查通识、唯一的主体电子身份标识。

农产品生产经营者根据内部管理需要，应当在国家追溯平台首页“我的管家”—“账号管理”中自行分配内部用户账号。各用户可通过用户账号登录国家追溯平台开展相关业务操作。

农产品生产经营者完成主体注册后，注册信息发生变化的，应当登录国家追溯平台及时提交变更信息，由县级农产品质量安全监管机构审核。

农产品生产经营者不再使用国家追溯平台时，应当在国家追溯平台首页“个人中心”提交主体注销申请，上传相关证明材料，由县级农产品质量安全监管机构审核注销。

第二节 农产品质量安全认证

一、绿色食品

绿色食品是指产自优良生态环境、按照绿色食品标准生产、实行全程质量控制并获得绿色食品标志使用权的安全、优质食用农产品及相关产品。

(一) 绿色食品标准

我国绿色食品标准是以全程质量控制为核心，由绿色食品产地环境质量标准、绿色食品生产技术标准、绿色食品产品标准、绿色食品包装标签标准、绿色食品储藏运输标准等标准构成的一个科学完善的食品标准体系。

1. 绿色食品产地环境质量标准

绿色食品产地环境质量标准，即《绿色食品　产地环境质量》(NY/T 391—2021)。该标准规定了产地的空气质量标准、水质标准、土壤环境质量标准及环境可持续发展标准等指标以及浓度限值、监测方法。制定这类标准的目的，一是强调绿色食品必须产自良好的生态环境地域，以保证绿色食品最终产品的无污染、安全性；二是促进对绿色食品产地环境的保护和改善。

2. 绿色食品生产技术标准

绿色食品生产过程的控制是绿色食品质量控制的关键环节。绿色食品生产技术标准是绿色食品标准体系的核心，它包括绿色食品生产资料使用准则和绿色食品生产技术操作规程两部分。

绿色食品生产资料使用准则是对绿色食品过程中物质投入的一个原则性规定。包括《绿色食品　农药使用准则》(NY/T 393—2020)、《绿色食品　肥料使用准则》(NY/T 394—2021)、《绿色食品　食品添加剂使用准则》(NY/T 392—2013)、《绿色食品　饲料及饲料添加剂使用准则》(NY/T 471—2018)、《绿色食品　兽药使用准则》(NY/T 472—2022)。各项准则中主要对允许、限制和禁止使用的生产资料及其使用方法、使用剂量等作出了明确规定。

绿色食品生产技术操作规程是以上述准则为依据，按作物种类、畜牧种类和不同农业区域的生产特性分别制定的，用于指导绿色食品生产活动，规范绿色食品生产技术的技术规定，包括农产品种植、畜禽饲养、水产养殖和食品加工等技术操作规程。

3. 绿色食品产品标准

该标准是衡量绿色食品最终产品质量的指标尺度。它虽然跟普通食品的国家标准一样，规定了食品的外观品质、营养品质和卫生品质等内容，但其卫生品质要求高于国家现行标准，主要表现在对农药残留和重金属的检测项目种类多、指标严。而且，使用的主要原料必须是来自绿色食品产地的、按绿色食品生产技术操作规程生产出来的产品。绿色食品产品标准反映了绿色食品生产、管理和质量控制的先进水平，突出了绿色食品产品无污染、安全的卫生品质。

4. 绿色食品包装标签标准

绿色食品包装、储藏、运输标准，即《绿色食品　包装通用准则》(NY/T 658—2015)。该标准规定了绿色食品产品包装的基本要求、安全卫生要求、生产要求、环保要求、标志与标签要求和标识、包装、储存与运输要求。要求产品包装从原料、产品制造、使用、回收和废弃的整个过程都应有利于食品安全和环境保护，包括包装材料的安全性、牢固性，节省资源、能源，减少或避免废弃物产生，易回收循环利用，可降解等具体要求和内容。

绿色食品产品标签，除要求符合《食品安全国家标准　预包装食品标签通则》(GB 7718—2011)外，还要求符合《中国绿色食品商标标志设计使用规范手册》规定，《中国绿色食品商标标志设计使用规范手册》对绿色食品的标准图形、标准字形、图形和字体的规范组合、标准色、广告用语以及在产品包装标签上的规范应用均作了具体规定。

5. 绿色食品储藏运输标准

绿色食品储藏运输标准，即《绿色食品　储藏运输准则》(NY/T 1056—2021)。该项标准对绿色食品的储藏设施、出入库、码放、储藏条件、储藏管理以及绿色食品的运输工具、运输条件、运输管理等方面作出了规定，以保证绿色食品在储藏运输过程中不遭受污染、不改变品质，并有利于环保、节能。

以上5项标准对绿色食品产前、产中和产后全过程质量控制技术和指标作了全面的规定，构成了一个科学、完整的标准体系。

(二) 绿色食品认证

2022年最新修订的《绿色食品标志管理办法》指出：中国绿色食品发展中心负责全国绿色食品标志使用申请的审查、颁证和颁证后跟踪检查工作。省级人民政府农业农村行政部门所属绿色食品工作机构（简称：省级工作机构）负责本行政区域绿色食品标志使用申请的受理、初审和颁证后跟踪检查工作。

申请使用绿色食品标志的生产单位，应当具备下列条件：能够独立承担民事责任；具有绿色食品生产的环境条件和生产技术；具有完善的质量管理和质量保证体系；具有与生产规模相适应的生产技术人员和质量控制人员；具有稳定的生产基地；申请前3年内无质量安全事故和不良诚信记录。

申请认证产品条件：申请使用绿色食品标志的产品，应当符合《中华人民共和国食品安全法》和《中华人民共和国农产品质量安全法》等法律法规的规定，在国家知识产权局商标局核定的范围内，并具备下列条件：产品或产品原料产地环境符合绿色食品产地环境质量标准；农药、肥料、饲料、兽药等投入品使用符合绿色食品投入品使用准则；产品质量符合绿色食品产品质量标准；包装、储运符合绿色食品包装、储运标准。

绿色食品认证的程序：申请人提交申请和相关材料，经过文审、现场检查，同时安排环境质量现状调查和产品抽样，检查结果、环境检测和产品检测报告汇总后，合格者颁发证书。证书有效期是3年。绿色食品认证程序如下。

1. 申请

申请人应当向省级工作机构提出申请，并提交下列材料：标志使用申请书；产品生产技术规程和质量控制规范；预包装产品包装标签或其设计样张；中国绿色食品发展中心规定提交的其他证明材料。

2. 受理

省级工作机构应当自收到申请之日起10个工作日内完成材料审查。符合要求的，予以受理，并在产品及产品原料生产期内组织有资质的检查员完成现场检查；不符合要求的，不予受理，书面通知申请人并告知理由。

现场检查合格的，省级工作机构应当书面通知申请人，由申请人委托符合要求的检测机构对申请产品和相应的产地环境进行检测；现场检查不合格的，省级工作机构应当退回申请并书面告知理由。

3. 现场抽样

检测机构接受申请人委托后，应当及时安排现场抽样，并自产品样品抽样之日起20个工作日内、环境样品抽样之日起30个工作日内完成检测工作，出具产品质量检验报告和产地环境监测报告，提交省级工作机构和申请人。检测机构应当对检测结果负责。

4. 认证审核

省级工作机构应当自收到产品检验报告和产地环境监测报告之日起20个工作日内提出初审意见。初审合格的，将初审意见及相关材料报送中国绿色食品发展中心。初审不合格的，退回申请并书面告知理由。省级工作机构应当对初审结果负责。

中国绿色食品发展中心应当自收到省级工作机构报送的申请材料之日起30个工作日内完成书面审查，并在20个工作日内组织专家评审。必要时，应当进行现场核查。

5. 认证评审

中国绿色食品发展中心应当根据专家评审的意见，在5个工作日内作出是否颁证的决定。同意颁证的，与申请人签订绿色食品标志使用合同，颁发绿色食品标志使用证书，并公告；不同意颁证的，书面通知申请人并告知理由。

6. 颁证

绿色食品标志使用证书是申请人合法使用绿色食品标志的凭证，应当载明准许使用的产品名称、商标名称、获证单位及其信息编码、核准产量、产品编号、标志使用有效期、颁证机构等内容。绿色食品标志使用证书分中文、英文版本，具有同等效力。

绿色食品标志使用证书有效期 3 年。证书有效期满，需要继续使用绿色食品标志的，标志使用人应当在有效期满 3 个月前向省级工作机构书面提出续展申请。省级工作机构应当在 40 个工作日内组织完成相关检查、检测及材料审核。初审合格的，由中国绿色食品发展中心在 10 个工作日内作出是否准予续展的决定。准予续展的，与标志使用人续签绿色食品标志使用合同，颁发新的绿色食品标志使用证书并公告；不予续展的，书面通知标志使用人并告知理由。标志使用人逾期未提出续展申请，或者申请续展未获通过的，不得继续使用绿色食品标志。

（三）绿色食品标志及管理

1. 绿色食品标志的基本图案

绿色食品标志用特定图形来表示，如图 7-1 所示。绿色食品标志图形由 3 个部分构成：上方的太阳、下方的叶片和中心的蓓蕾，分别代表了生态环境、植物生长和生命的希望。标志图形为正圆形，意味着保护、安全。整个图形描绘了一幅明媚阳光照耀下的和谐生机，告诉人们绿色食品是出自纯净、良好生态环境的安全、无污染食品，能给人们带来无限的生命力。绿色食品标志还提醒人们要保护环境和防止污染，通过协调人与环境的关系，创造自然界新的和谐。

图 7-1 绿色食品标志

2. 绿色食品标志管理

绿色食品标志使用人在证书有效期内享有下列权利：在获证产品及其包装、标签、说明书上使用绿色食品标志；在获证产品的广告宣传、展览展销等市场营销活动中使用绿色食品标志；在农产品生产基地建设、农业标准化生产、产业化经营、农产品市场营销等方面优先享受相关扶持政策。

标志使用人在证书有效期内应当履行下列义务：严格执行绿色食品标准，保持绿色食品产地环境和产品质量稳定可靠；遵守标志使用合同及相关规定，规范使用绿色食品标志；积极配合县级以上人民政府农业农村主管部门的监督检查及其所属绿色食品工作机构的跟踪检查。未经中国绿色食品发展中心许可，任何单位和个人不得使用绿色食品标志。禁止将绿色食品标志用于非许可产品及其经营性活动。

中国绿色食品发展中心开展绿色食品认证和绿色食品标志许可工作，可收取绿色食品认证费和标志使用费。绿色食品认证费由申请获得绿色食品标志使用许可的企业在申请时缴纳，具体收费标准按有关规定执行。

在证书有效期内，标志使用人的单位名称、产品名称、产品商标等发生变化的，应当经省级工作机构审核后向中国绿色食品发展中心申请办理变更手续。产地环境、生产技术等条件发生变化，导致产品不再符合绿色食品标准要求的，标志使用人应当立即停止标志使用，并通过省级工作机构向中国绿色食品发展中心报告。

获得绿色食品标志使用权的产品在使用时，须严格按照《中国绿色食品商标标志设计使用规范手册》的规范要求正确设计，并在中国绿色食品发展中心认定的单位印制。自 2021 年 11 月 1 日起，生鲜、散装等不适于在包装上印刷商标标志的产品可选用粘贴式标签。

二、有机产品

有机产品是根据有机农业原则，生产过程绝对禁止使用人工合成的农药、化肥、色素生长调节剂和畜禽饲料添加剂等化学物质和采用对环境无害的方式生产、销售过程受专业认证机构全程监控，通过独立认证机构认证并颁发证书，销售总量受控制的一类真正纯天然、高品质、无污染、安全的健康食品。

（一）有机产品标准

当前，我国有机产品的最新标准为《有机产品　生产、加工、标识与管理体系要求》（GB/T 19630—2019），适用于有机植物、动物和微生物产品的生产，有机食品、饲料和纺织品等的加工，有机产品的包装、储藏、运输、标识和销售。此外，我国还专门制定了《有机产品认证目录》，详细规定了可以进行认证的具体产品类别。

除了有机标准 GB/T 19630—2019，我国还颁布了《有机产品认证实施规则》，规定了有机产品认证程序与管理的基本要求。2019 年修订并颁布的实施规则简化了一些认证实践，例如，认证证书发放前无法采集样品并送检的，应在证书有效期内安排抽样检测并得到检测结果。产品生产、加工场所在境外，产品因出入境检验检疫要求等原因无法委托境内检验检测机构进行检测，可委托境外第三方检验检测机构进行检测。对于获得国外有机产品认证连续4年以上（含4年）的进口有机产品的国外种植基地，且认证机构现场检查确认其符合GB/T 19630—2019要求，可在风险评估的基础上免除转换期。

（二）有机产品认证

国家市场监督管理总局2022年修订的《有机产品认证管理办法》指出：有机产品认证是指认证机构依照本办法的规定，按照有机产品认证规则，对相关产品的生产、加工和销售活动符合中国有机产品国家标准进行的合格评定活动。国家市场监督管理总局负责全国有机产品认证的统一管理、监督和综合协调工作。地方市场监督管理部门负责所辖区域内有机产品认证活动的监督管理工作。国家推行统一的有机产品认证制度，实行统一的认证目录、统一的标准和认证实施规则、统一的认证标志。国家市场监督管理总局负责制定和调整有机产品认证目录、认证实施规则，并对外公布。

有机产品认证机构应当依法取得法人资格，并经国家市场监督管理总局批准后，方可从事批准范围内的有机产品认证活动。目前有机认证机构众多，生产者在选择有机产品认证机构时一定要注意核实，该认证机构是否经过国家认证认可监督管理委员会、中国合格评定国家认可委员会等权威部门认可，拥有正式批准号等。下面以农业农村部主管的北京中绿华夏有机产品认证中心有限责任公司（简称：COFCC）的认证流程为例，说明申请认证有机产品的工作程序。

1. 申请

（1）申请人登陆www.ofcc.org.cn下载填写《有机产品认证申请书》和《有机产品认证调查表》，下载《有机产品认证文件资料清单》并按要求准备相关材料。

(2) 申请人提交《有机产品认证申请书》《有机产品认证调查表》《有机产品认证文件资料清单》要求的文件，提出正式申请。

(3) 申请人按 GB/T 19630—2019 的要求，建立本企业的质量管理体系、质量保证体系的技术措施和质量信息追踪及处理体系。

2. 文件审核

认证机构应当自收到认证委托人申请材料之日起 10 日内，完成材料审核，并作出是否受理的决定。审核合格后，认证中心根据项目特点，依据认证收费细则，估算认证费用，向企业寄发《受理通知书》《有机产品认证检查合同》(简称：《检查合同》)。若审核不合格，认证中心通知申请人且当年不再受理其申请。申请人确认《受理通知书》后，与认证中心签订《检查合同》。根据《检查合同》的要求，申请人交纳相关费用，以保证认证前期工作的正常开展。

3. 实地检查

企业寄回《检查合同》及缴纳相关费用后，认证中心派出有资质的检查员。检查员应从认证中心取得申请人相关资料，依据《有机产品认证实施规则》的要求，对申请人的质量管理体系、生产过程控制、追踪体系以及产地、生产、加工、仓储、运输、贸易等进行实地检查评估。必要时，检查员需对土壤、产品抽样，由申请人将样品送指定的质检机构检测。

4. 撰写检查报告

检查员完成检查后，在规定时间内，按认证中心要求编写检查报告，并提交给认证中心。

5. 综合审查评估意见

认证中心根据申请人提供的申请表、调查表等相关材料以及检查员的检查报告和样品检验报告等进行综合评审，评审报告提交颁证委员会。

6. 颁证决定

颁证委员会对申请人的基本情况调查表、检查员的检查报告和认证中心的评估意见等材料进行全面审查，做出同意颁证、有条件颁证、有机转换颁证或拒绝颁证的决定。证书有效期为1年。

当申请项目较为复杂（如养殖、渔业、加工等项目）时，或在一段时间内（如6个月），召开技术委员会工作会议，对相应项目作出认证决定。

（1）同意颁证。申请内容完全符合有机标准，颁发有机证书。

（2）有条件颁证。申请内容基本符合有机产品标准，但某些方面尚需改进，在申请人书面承诺按要求进行改进以后，亦可颁发有机证书。

（3）有机转换颁证。申请人的基地进入转换期一年以上，并继续实施有机转换计划，颁发有机转换证书。从有机转换基地收获的产品，按照有机方式加工，可作为有机转换产品，即“有机转换产品”销售。

（4）拒绝颁证。申请内容达不到有机标准要求，颁证委员会拒绝颁证，并说明理由。

7. 颁证决定签发

颁证委员会做出颁证决定后，认证中心主任授权颁证委员会秘书处（认证二部）根据颁证委员会做出的结论在颁证报告上使用签名章，签发颁证决定。

8. 有机产品标志的使用

根据证书和《有机食（产）品标志使用章程》的要求，签订《有机食（产）品标志使用许可合同》，并办理有机/有机转换标志的使用手续。

9. 保持认证

有机产品认证证书有效期为1年，在新的年度里，COFCC会向获证企业发出《保持认证通知》。获证企业在收到《保持认证通知》后，应按照要求提交认证材料、与联系人沟通确定实地检查时间并及时缴纳相关费用。保持认证的文件审核、实地检查、综合评审、颁证决定的程序同初次认证。

（三）有机产品标志及管理

1. 有机产品标志的基本图案

有机产品标志由3部分组成，既外围的圆形、中间的种子图形及其周围的环形线条，如图7-2所示。标志外围的圆形形似地球，象征和谐、安全，圆形中的“中国有机产品”字样为中英文结合方式。既表示中国有机产品与世界同行，也有利于国内外消费者识别。标志中间类似于种子的图形代表生命萌发之际的勃勃生机，象征了有机产品是从种子开始的全过程认证，同时昭示出有机产品就如同刚刚萌发的种子，正在中国大地上茁壮成长。种子图形周围圆润自如的线条象征环形道路，与种子图形合并构成汉字“中”，体现出有机产品植根中国，有机之路越走越宽广。

图7-2　有机产品标志

2. 有机产品标志管理

中国有机产品认证标志应当在认证证书限定的产品类别、范围和数量内使用。

认证机构应当按照国家市场监督管理总局统一的编号规则，对每枚认证标志进行唯一编号（简称：有机码），并采取有效防伪、追溯技术，确保发放的每枚认证标志能够溯源到其对应的认证证书和获证产品及其生产、加工单位。

获证产品的认证委托人应当在获证产品或者产品的最小销售包装上，加施中国有机产品认证标志、有机码和认证机构名称。

获证产品标签、说明书及广告宣传等材料上可以印制中国有机产品认证标志，并可以按照比例放大或者缩小，但不得变形、变色。

有下列情形之一的，任何单位和个人不得在产品、产品最小销售包装及其标签上标注含有“有机”“ORGANIC”等字样且可能误导公众认为该产品为有机产品的文字表述和图案。

（1）未获得有机产品认证的。

（2）获证产品在认证证书标明的生产、加工场所外进行了再次加工、分装、分割的。

认证证书暂停期间，获证产品的认证委托人应当暂停使用认证证书和认证标志；认证证书注销、撤销后，认证委托人应当向认证机构交回认证证书和未使用的认证标志。

三、农产品地理标志

农产品地理标志是指标示农产品来源于特定地域，产品品质和相关特征主要取决于自然生态环境和历史人文因素，并以地域名称冠名的特有农产品标志。此处所称的农产品是指来源于农业的初级产品，即在农业活动中获得的植物、动物、微生物及其产品。

（一）基本要求

农业部于2007年12月发布的《农产品地理标志管理办法》（简称：《办法》），是专门针对农产品地理标志发布管理的行政法规。《办法》规定，国家对农产品地理标志实行登记制度，经登记的农产品地理标志受法律保护。

1. 申请地理标志登记的农产品

农产品地理标志登记范围是指来源于农业的初级产品，并在《农产品地理标志登记审查准则》规定的目录覆盖的3大行业22个小类内。

申请农产品地理标志登记的农产品，应当符合下列条件：称谓由地理区域名称和农产品通用名称构成；产品有独特的品质特性或者特定的生产方式；产品品质和特色主要取决于独特的自然生态环境和人文历史因素；产品有限定的生产区域范围；产地环境、产品质量符合国家强制性技术规范要求。

2. 农产品地理标志登记申请人

农产品地理标志登记申请人为县级以上地方人民政府，根据下列条件择优确定农民专业合作经济组织、行业协会等组织。

（1）具有监督和管理农产品地理标志及其产品的能力。

（2）具有为地理标志农产品生产、加工、营销提供指导服务的能力。

（3）具有独立承担民事责任的能力。

（二）登记管理

1. 农产品地理标志登记管理工作负责人

农业农村部负责全国农产品地理标志的登记工作，农业农村部农产品质量安全中心负责农产品地理标志登记的审查和专家评审工作。省级人民政府农业农村主管部门负责本行政区域内农产品地理标志登记申请的受理和初审工作。农业农村部设立的农产品地理标志登记专家评审委员会负责专家评审。农产品地理标志登记专家评审委员会由种植业、畜牧业、渔业和农产品质量安全等方面的专家组成。

2. 农产品地理标志登记管理的申请材料

符合农产品地理标志登记条件的申请人，可以向省级人民政府农业农村主管部门提出登记申请，并提交下列申请材料：登记申请书；申请人资质证明；产品典型特征特性描述和相应产品品质鉴定报告；产地环境条件、生产技术规范和产品质量安全技术规范；地域范围确定性文件和生产地域分布图；产品实物样品或者样品图片；其他必要的说明性或者证明性材料。

3. 农产品地理标志登记管理的审查

省级人民政府农业农村主管部门自受理农产品地理标志登记申请之日起，应当在 45 个工作日内完成申请材料的初审和现场核查，并提出初审意见。符合条件的，将申请材料和初审意见报送农业农村部农产品质量安全中心；不符合条件的，应当在提出初审意见之日起 10 个工作日内将相关意见和建议通知申请人。

农业农村部农产品质量安全中心应当自收到申请材料和初审意见之日起 20 个工作日内，对申请材料进行审查，提出审查意见，并组织专家评审。经专家评审通过的，由农业农村部农产品质量安全中心代表农业农村部向社会公示。有关单位和个人有异议的，应当自公示截止日起 20 日内向农业农村部农产品质量安全中心提出。公示无异议的，由农业农村部作出登记决定并公告，颁发《中华人民共和国农产品地理标志登记证书》，公布登记产品相关技术规范和标准。专家评审没有通过的，由农业农村部作出不予登记的决定，书面通知，并说明理由。

4. 农产品地理标志登记证书使用

农产品地理标志登记证书长期有效。有下列情形之一的，登记证书持有人应当按照规定程序提出变更申请：登记证书持有人或者法定代表人发生变化的；地域范围或者相应自然生态环境发生变化的。

(三) 标志及使用

1. 农产品地理标志公共标识图案

农产品地理标志实行公共标识与地域产品名称相结合的标注制度。

公共标识图案由中华人民共和国农业农村部中英文字样、农产品地理标志中英文字样、麦穗、地球、日月等元素构成。公共标识的核心元素为麦穗、地球、日月相互辉映，体现了农业、自然、国际化的内涵。标识的颜色由绿色和橙色组成，绿色象征农业和环保，橙色寓意丰收和成熟（图 7-3）。

图 7-3　农产品地理标志公共标识图案

2. 农产品地理标志的申请

符合下列条件的单位和个人，可以向登记证书持有人申请使用农产品地理标志。

（1）生产经营的农产品产自登记确定的地域或范围。

（2）已取得登记农产品相关的生产经营资质。

（3）能够严格按照规定的质量技术规范组织开展生产经营活动。

（4）具有地理标志农产品市场开发经营能力。

3. 农产品地理标志使用的规定

使用农产品地理标志，应当按照生产经营年度与登记证书持有人签订农产品地理标志使用协议，在协议中载明使用的数量、范围及相关的责任义务。

农产品地理标志登记证书持有人不得向农产品地理标志使用人收取使用费。

4. 农产品地理标志使用人享有的权利

（1）可以在产品及其包装上使用农产品地理标志。

（2）可以使用登记的农产品地理标志进行宣传和参加展览、展示及展销。

5. 农产品地理标志使用人应当履行的义务

（1）自觉接受登记证书持有人的监督检查。

（2）保证地理标志农产品的品质和信誉。

（3）正确规范地使用农产品地理标志。

6. 监督管理

县级以上人民政府农业农村主管部门应当加强农产品地理标志监督管理工作，定期对登记的地理标志农产品的地域范围、标志使用等进行监督检查。

登记的地理标志农产品或登记证书持有人不符合规定的，由农业农村部注销其地理标志登记证书并对外公告。

对伪造、冒用农产品地理标志和登记证书的单位和个人，由县级以上人民政府农业农村主管部门依照《中华人民共和国农产品质量安全法》有关规定进行处罚。

四、承诺达标合格证

（一）承诺达标合格证样式

自2019年农业农村部在全国试行食用农产品合格证制度以来，各地农业农村部门积极推进，压实了生产主体责任，促进了产管衔接，进一步完善了农产品质量安全监管措施，取得了阶段性成效。在试行过程中，合格证样式和内容不断完善，各级农业农村部门对此也做了积极探索。为进一步明确制度的核心要求与目标，农业农村部将合格证名称由“食用农产品合格证”调整为“承诺达标合格证”，并对合格证参考样式做了进一步优化，新版样式（图7-4）主要有以下调整。

1. 体现“达标”内涵

“达标”内涵即生产过程落实质量安全控制措施、附带承诺达标合格证的上市农产品符合食品安全国家标准。现阶段，承诺达标合格证的“达标”主要聚焦不使用禁用农药兽药、停用兽药和非法添加物，常规农药兽药残留不超标等方面。

2. 突出“承诺”要义

承诺达标合格证是承诺证，首先要展示承诺内容。新版承诺达标合格证参考样式，在全国试行方案中合格证参考样式的基础上，调整了承诺内容和基本信息的位置，将承诺内容放在承诺达标合格证最上端，生产者及农产品信息放后。

3. 调整承诺内容

明确是“对生产销售的食用农产品”作出承诺。将承诺内容中“遵守农药安全间隔期、兽药休药期规定”调整为“常规农药兽药残留不超标”。

4. 增加承诺依据

增加可勾选的“委托检测、自我检测、内部质量控制、自我

承诺达标合格证

我承诺对生产销售的食用农产品：

□不使用禁用农药兽药、停用兽药和非法添加物

□常规农药兽药残留不超标

□对承诺的真实性负责

承诺依据：

□委托检测　　□自我检测

□内部质量控制　　□自我承诺

— — — — — — — — — — — — — —

产品名称：　　数量（重量）：

产　　地：

生产者盖章或签名：

联系方式：

开具日期：　　年　　月　　日

图 7-4　承诺达标合格证

承诺” 4 项承诺依据。生产主体开具承诺达标合格证时，根据实际情况勾选一项或多项。

（二）确保承诺达标合格证规范有效开具

承诺达标合格证要坚持“谁生产、谁用药、谁承诺”的原则，由种植养殖者作出承诺，勾选选项、自主开具，乡镇农产品质量安全监管公共服务机构、村（社区）委员会、检测机构、农产品批发市场等不应代替种植养殖者开具。

（三）加强电子承诺达标合格证开具管理

各级农业农村部门推广电子承诺达标合格证，将承诺达标合格证与农产品追溯一体化推进，取得了积极成效。以二维码等形式开具承诺达标合格证的，要坚持基本原则和要求，一是二维码标识上或四周要明确展示“承诺达标合格证”字样；二是扫码后的内容中，首先要展示承诺达标合格证的名称、承诺声明、承诺依据等完整信息，接下来再展示企业简介、品牌宣传等内容。

第八章　农产品品牌建设

第一节　农产品品牌模式

一、农产品品牌的模式

农产品和一般的工业产品不一样，有很多种品牌的模式，一般来说，农产品的品牌有以下 4 种模式：产地品牌、品种品牌、企业品牌和产品品牌。

（一）产地品牌

产地品牌指的是拥有独特自然资源以及悠久的种养殖方式、加工工艺历史的农产品，经过区域地方政府、行业组织或者农产品龙头企业等营销主体运作，形成的明显带有区域特征的品牌，一般的格式是“产地+产品类别”，如“西湖龙井”“库尔勒香梨”“赣南脐橙”等。该类品牌的价值在于生产的区域地理环境，至于是这个区域的哪个企业生产的，并不重要。一般这样的有特色的产品品牌都注册地理标志产品，受《中华人民共和国商标法》的保护，是一种极为珍贵的无形资产。

（二）品种品牌

品种品牌指的是一个大类的农产品里的有特色的品种，可以成为一个品牌，也可以注册出商标，如“水东鸡心芥菜”就是一个品种品牌。有的品种现在没有注册成品牌，但是也广为人知，如红富士苹果，是一个苹果的一个品种，但是没注册成品牌，现在估计注册也难了，因为种的人太多了，各种利益相关者难以组织起来。品种品牌一般的格式是“品种的特色+品类名字”。如“彩椒”就是彩色的辣椒，这是外观的特色，“糖心苹果”就是很甜的苹果，这是口感的特色，“云南雪桃”这是文化特色，等等，只要有特色，都可以注册成商标，便于传播。

（三）企业品牌

企业品牌指的是以农产品企业的名字注册商标，作为品牌来打造，例如，前面提到的中粮和首农就是一个企业品牌，打造的企业整体的品牌形象。企业品牌可以用在一个产品上，也可以是一个企业品牌下有很多个产品，如“雀巢”这个企业品牌，有“雀巢”咖啡、“雀巢”奶粉、“雀巢”水等。对于农产品流通领域来说，还有一种渠道品牌，也属于企业品牌这一类。渠道品牌就是一个渠道的名字，如“天天有机”专卖店，里面卖的都是有机绿色食品，店里可以有几百个甚至上千个其他的产品品牌。

（四）产品品牌

产品品牌指的是对于单一一个或者一种产品的起一个名字，注册一个商标，打造出一个品牌。如大连韩伟集团的“咯咯哒”鸡蛋。这种模式大家日常生活中见得比较多。

二、四种品牌的关系

农产品的4种品牌模式看似都有可行之处，各种模式都有成功的范例，对于农产品企业来说，在品牌设计中应正确处理好这4种品牌模式的关系。

（一）产地品牌是农产品企业最大的无形资产

特别对于立志进行区域特色农产品产业化的企业，产地品牌更是必不可少。首先，农产品的本质是“农”，其品质和区域的地理自然环境紧密相关。其次，在消费者心里，好的区域自然环境就是好农产品的产地，这样一个好的产品就很容易告诉消费者，消费者也很容易相信。最后，一个产地品牌具有整合区域生产资源的能力，因为消费者只认这个产地的牌子，农产品企业也就更容易做大做强。

所以对于农产品企业来说，一有机会，一定要想方设法注册产品地理标志，打造产地品牌，或者成立协会，或者找政府授权自己企业做申请。

据不完全统计，目前我国的地理标志产品大概有1 000多件，而有条件和资格申请的特色农产品有16 000余件，地理标志产品只占不到10%，这就意味着，还有至少90%多的优质的产地品牌资源没有人去开发。

对于任何一种农产品，都可以差异化，有差异化，就可以申请产地品牌，萝卜白菜不管种在哪里，都可以申请地理标志产品，可以有北京“大兴萝卜”，也可以有广西“横县萝卜”，青海“西宁萝卜”，西藏“林芝萝卜”等，可见，产品品牌在任何一种农产品，在任何一个地方，都可以打造。当然，实际打造过程中，不是所有的品种都适合在所有的区域打造，还得看这个品种是否能在这个区域做出特色出来。

（二）品种品牌对于农产品企业也很重要

有很多种养殖企业，为了显示自己的品种好，一般就说自己是什么什么“1号”，好像占了第一就是最好的，问题是甲企业说自己“1号”，乙企业也说是“1号”，只是每家的“1号”不同而已。同时，“1号”代表着什么，没什么内涵，消费者听了也白听，没啥感觉。“品种特色+品类名字”这样的品种命名规则才是农产品企业打造专有品种及品种品牌的利器。现状是，很少有人把一个品种的名字作为一个品牌来打造，这是一个思维误区的问题，大家都把企业名字作为品牌来打造（企业品牌），或者给产品另外取个好听的品牌名字（产品品牌）。而没有把握住农产品的品质本质上来源于品种，占领了品种品牌资源，企业就相当于告诉消费者，本企业的产品就是最好最有特色的。

（三）产地品牌统领，品种品牌特色，企业品牌和产品品牌备用

这是农产品企业做好品牌规划的不二法门。能注册产地品牌的，能注册地理标志的，一定先注册地理标志。地理标志大家都用的时候，第二考虑是在政府或者行业地理标志下，再注册品种品牌，用品种品牌打造区域产品品牌里的特色品牌。只有在前面两种情况下不合适，或者不可行的情况下，才考虑打造企业品牌和产品品牌。一个产品品牌下可以有很多品种、企业和产品品牌，一个企业品牌下面也可以有很多产品品牌，这就是4种品牌之间的关系。当然，以上见解属于纯粹从行业角度出发，从市场营销实践出发，也有的农产品企业出于其他的考虑，先把企业品牌或者产品品牌作为首要品牌来打造，这就不是本书讨论的范畴了。笔者想强调一下的是，对于中小农产品企业来说，以上的规则是最省钱、最快速的品牌打造之路，也是区域农产品产业化之路。

第二节 农产品品牌建设策略

一、强化品牌意识，找准品牌定位

品牌是商品及其生产者或者经营者的标志和形象信誉的表现。农业产业化龙头企业必须强化品牌意识，充分认识到品牌在市场竞争和企业发展中的巨大作用。树立强烈的品牌意识是实施品牌战略的基础，品牌创建的成功与否取决于企业家和管理层的品牌意识如何，决定了品牌战略的制定与实施，关系到品牌建设的力度和深度。同时，在制定品牌战略时，很关键的是要选准品牌的市场定位，从占领目标市场出发，瞄准和抓住目标市场购买者的消费心理。农业产业化龙头企业和生产者要通过分析市场消费趋势和竞争态势，选择能发挥自身优势的策略，为自己的品牌在市场上选准一个明确的、符合消费需求的、有别于竞争对手的品牌定位。

二、依托优势资源，发展特色农业

农产品生产受到自然条件的深刻影响。由于不同地域的自然条件、优势资源和种植习惯的差异，形成了农产品的区域特色和比较优势，进而可以在市场上转化为市场优势。因此，在发展农业项目中要充分依托并整合区域优势资源，发展特色农业，培育主导产业，使其形成规模和特殊品质；在创建农产品品牌时，也要挖掘利用好地方的历史、文化、人文等资源，把地方特色文化元素注入其中，丰富农产品的文化底蕴，提升品牌的文化品位，使消费者在获得物质享受的同时，也获得精神文化上的享受。

三、融合农产品销售渠道和品牌传播渠道

品牌影响力的扩大与和产品销售在方向、目标、渠道等方面存在着高度的一致性。为此，要积极探索农产品销售渠道和品牌传播渠道的融合，不断创新的农产品分销传播渠道，进一步拓展“农—超”对接、直销专卖、订单营销、网络营销、农产品会展、观光农业和知识营销等渠道，扩张农产品品牌传播空间。要迎合网络直销的发展趋势，建设好网上销售平台，减少农产品的中间流通环节，提高流通效率，降低流通成本，形成价格优势。

使农产品以较快的流通速度和具有优势的价格直接呈现给广大的消费者，更快更有针对性地把农产品及其品牌信息广泛地传播。同时，要加强农产品的质量管理和物流管理，保证农产品的质量安全，保障产品的及时供应，保护品牌好的声誉。

四、建设好品牌农产品的质量标准体系

建设好品牌农产品的质量标准体系，有利于加强品牌农产品的质量管理，保障农产品的质量、档次和安全性，从而获得较高的品牌知名度和美誉度，提高品牌农产品的社会信任度。建立品牌农产品质量标准体系，就是以质量为中心，以市场为导向，以科技为动力，以生产为基础，以农产品的等级制度为重点，建立农产品生产、加工、储藏、销售全过程及生产作业环境和安全控制等方面的标准体系，把农业生产的产前、产中、产后各环节纳入标准化管理，逐步形成与行业、国家、国际相配套的标准体系。农业产业化龙头企业应当树立强烈的质量意识，把品牌建设与质量标准管理结合起来，严格按照质量标准体系管理整个产业链，从根本上保证农产品的质量和安全，赢得消费者的信赖。

第九章　农产品市场营销

第一节　农产品市场营销策略

一、农产品营销渠道类型

（一）农产品批发市场销售

农产品批发市场销售是指通过建立影响力大、辐射能力强的农产品专业批发市场来集中销售农产品。

优点：是销售集中和销量大，能够实现快速集中运输、妥善储藏，加工及保鲜。

缺点：农民经纪人在从事购销经营活动中，一手压低收购价，一手抬高销售价，不仅使农民利益受损，而且往往造成当地市场价格信号失真，管理混乱；专业市场信息传递途径落后、对市场信息分析处理能力差；市场配套服务设施不健全。

（二）销售公司销售

即通过区域性农产品销售公司，先从农户手中收购产品，然后外销。农户和公司之间的关系可以由契约界定，也可以是单纯的买卖关系。

优点：可以有效缓解“小农户”与“大市场”之间的矛盾。

缺点：风险高，特别是就通过契约和合同来确立农户与公司关系的模式而言，由于组织结构相对复杂和契约约束性弱等原因，使得这种模式具有较大风险；销售公司和农户之间缺乏有效的法律规范。

（三）合作组织销售

即通过综合性或区域性的社区合作组织如流通联合体、贩运合作社专业协会等合作组织销售农产品。购销合作组织和农民是利益共沾，风险共担的关系。

优点：既有利于解决“小生产”和“大市场”的矛盾，又有利于减小风险；购销组织也能够把分散的农产品集中起来，为农产品的再加工和增值提供可能。

缺点：合作组织普遍缺乏作为市场主体的有效法律身份，不利于解决销售过程中出现的法律纠纷；合作组织普遍缺乏资金，因而普遍缺乏开拓市场的能力；农民参加合作组织的自愿、自主意识不强，并且其本身的运行缺乏动力，决策风险较高。

（四）贩运大户销售

优点：稳定性好，由于销售大户的收益直接取决于其销量，因而“大户”具有很高的积极性，他们会想尽各种办法，如定点销售与零售商分成等方式来稳定销量。

缺点：贩运大户大多是农民，对市场经济知识缺乏深入了解，销售能力有限，而且他们本人又承担巨大风险，比如对于进行农产品外运的大户来说，会遇到诸多困难，像天气、运输、行情等。

（五）农户直接销售

农产品生产农户通过自家人力、物力把农产品销往周边或其他各地区。

优点：销售灵活；农民的获利大，农户自行销售避免了经纪人、中间商、零售商的盘剥，能使农民获得实实在在的利益。

缺点：销量小，即使是农业生产大户，主要依靠自己的力量销售农产品，也很有限，而且难以形成规模效应；一些农民法律意识、卫生意识淡薄，容易受到城市社区的排斥。

（六）农业企业销售

即农业企业将自己生产的农产品，或加工过的农产品销售给中间商或直接销售给消费者。

优点：一旦有了知名品牌后，企业就可以获得超过产品本身的超额价值。

缺点：一个品牌的创建初期需要投入大量的人力、物力和财力，这也许是很多小的农业企业所不能承受的。

二、农产品营销策略

（一）高品质化策略

随着人们生活水平的不断提高，对农产品品质的要求越来越高，优质优价正成为新的消费动向。要实现农业高效，必须实现农产品优质，实行“优质优价”高产高效策略。把引进、选育和推广优质农产品作为抢占市场的一项重要的产品市场营销策略。淘汰劣质品种和落后生产技术，以质取胜，以优发财。

（二）低成本化策略

价格是市场竞争的法宝，同品质的农产品价格低的，竞争力就强。生产成本是价格的基础，只有降低成本，才能使价格竞争的策略得以实施。要增强市场竞争力，必须实行“低成本、低价格”策略。加大领先新技术、新品种、新工艺、新机械，减少生产费用投入，提高产出率；要实行农产品的规模化、集约化经营，努力降低单位产品的生产成本，以低成本支持低价格，求得经济效益。

（三）大市场化策略

农产品销售要立足本地，关注身边市场，着眼国内外大市场，寻求销售空间，开辟空白市场，抢占大额市场。开拓农产品市场，要树立大市场观念，实行产品市场营销策略，定准自己产品销售地域，按照销售地的消费习性，生产适销对路的产品。

（四）多品种化策略

农产品消费需求的多样化决定了生产品种的多样化，一个产品不仅要有多种品质，而且要有多种规格。要根据市场需求和客户要求，生产适销对路的各种规格的产品。实行“多品种、多规格、小批量、大规模”策略，满足多层次的消费需求，开发全方位的市场，化解市场风险，提高综合效益。

（五）反季节化策略

因农产品生产的季节性与市场需求的均衡性的矛盾带来的季节差价，蕴藏着巨大的商机。要开发和利用好这一商机，关键是要实行“反季节供给高差价赚取”策略。实行反季节供给，主要有3条途径：一是实行设施化种养，使产品提前上市；二是通过储藏保鲜，延长农产品销售期，变生产旺季销售为生产淡季销售或消费旺季销售；三是开发适应不同季节生产的品种，实行多品种错季生产上市。实施产品市场营销策略。要在分析预测市场预期价格的基础上，搞好投入—产出效益分析，争取好的收益。

（六）嫩乳化策略

人们的消费习惯正在悄悄变化，粮食当蔬菜吃，黄豆要吃青毛豆，蚕豆要吃青蚕豆，猪要吃乳猪，鸡要吃仔鸡，市场出现崇高嫩鲜食品的新潮。农产品产销应适应这一变化趋向，这方面发展潜力很大。

（七）土特化策略

近年来，人们的消费需求从盲目崇洋转向崇尚自然野味。热衷土特产品，蔬菜要吃野菜，市场要求搞好地方传统土特产品的开发，发展品质优良特产，以特优质产品抢占市场、开拓市场，不断适应变化着的市场需求。

(八) 加工化策略

发展农产品加工，既是满足产品市场营销的需要，也是提高农产品附加值的需要，发展以食品工业为主的农产品加工是世界农业发展的新方向、新潮流。世界发达国家农产品的加工品占其生产总量的90%，加工后增值2～3倍；我国农产品加工品只占其总量的25%，增值25%，潜力巨大。

(九) 标准化策略

我国农产品在国内外市场上面临着国外农产品的强大竞争，为了提高竞争力，必须加快建立农业标准化体系，实行农产品的标准化生产经营。制定完善一批农产品产前、产中、产后的标准，形成农产品的标准化体系，以标准化的农产品争创名牌，抢占市场。

(十) 名片化策略

要以名牌产品开拓市场。一是要提高质量，提升农产品的品位，以质创牌；二是要搞好包装，美化农产品的外表，以面树牌；三是开展农产品的商标注册，叫响品牌名牌，以名创牌；四是加大宣传，树立公众形象，以势创牌。

第二节 农产品网络营销新模式

一、网络营销的概念和特点

随着互联网的普及和发展，电子商务也开始在经济领域中逐步发挥其举足轻重的作用。而伴随着电子商务的兴起，网络营销的概念也越来越受到人们的重视。

在给网络营销下一个确切的定义前，我们有必要先了解一下什么是营销。营销是个人和群体通过创造并同他人交换产品和价值足以满足需求和欲望的一种社会和管理过程。通俗地说，就是公司和顾客之间的交流，这种交流会影响顾客，让他购买公司的产品或服务。这里说的交流，不仅包括对外的交流（如广告和公共关系），也包括市场调查、顾客群体细分和人口统计研究等活动。

而网络营销是企业以现代营销理论为基础，利用互联网（也包括企业内部网和外部网）技术和功能，最大限度地满足客户需求，以达到开拓市场、增加盈利为目标的经营过程。简单地说，网络营销就是以互联网作为传播手段，通过对市场的循环营销传播，满足消费者需求和商家需求的过程。广义地说，凡是以互联网为主要手段进行的、为达到一定营销目的营销活动，都可以称之为网络营销。也就是说，网络营销是直销营销的最新形式，由互联网替代了传统媒介，其实质是利用互联网对产品的售前、售中、售后各环节进行跟踪服务。它自始至终贯穿在企业经营的全过程，包括市场调查、客户分析、产品开发、销售策略和反馈信息等方面。确切地说，网络营销是企业整体营销战略的一个组成部分，是建立在互联网基础上、借助于互联网特性来实现一定营销目的的一种营销手段。

为了更深刻地理解网络营销的内涵，我们有必要了解与网络营销概念相关的几个概念。

1. 数字营销

网络营销与数字营销密切相关，它们其实是一个事物的两个方面。数字营销强调的营销中信息交流所运用到的数字化信息技术，它是互联网的基础。数字化是把文本、数据、声音和图像等转化成“比特”流，都是一连串的“1”和“0”组成的代码表示，惊人地提高了信息传输的速度。数字营销的核心是互联网，但改变的不只是手段，而是营销模式。在这个模式中，消费者虚拟化，消费行为网络化，广告、调查、分销和结算等可转化为数字化的行为。

2. 许可式营销

许可式营销是另一个与网络营销概念密切相关的概念。“许可”是根据顾客的意愿推销而非强制推销。这也是互联网对传播机制的改变所引来的新概念。传统营销沟通的大众媒体，其信息传播机制是强迫式、单向的；而互联网信息沟通机制是双向的、个性化定向式的，其基本规范是先征得用户的同意和许可，然后按照用户的请求发送相关信息。如果用户在登录注册某网站时表示有房产信息的需求，网站就会将大量最新的房产信息源源不断地发送到他的电子信箱，直到他不再需要为止。

网络营销使我们把市场营销理解为“完整的价值提供过程，并超载公司内部传统的分工界限。”互联网加强了以下 7 种市场营销功能。

（1）产品和服务营销。产品营销中心、定价、演示、分销、营销计划、伙伴关系和其他市场策略活动。

（2）销售达成。通过批发商达成订货和购买、许可、顾客基础的论证，完成货品由卖方至买方分销商、中介和销售代表的过程。

（3）广告和促销。发展和传播形象，强化品牌的说服性信息。

（4）顾客和业务跟进。测定顾客需求的市场调查，并评估业务是否满足市场要求。

（5）顾客服务与支持。技术支持、客户服务项目、信息查询、产品注册和保障维护服务。

（6）公司宣传。产品及服务信息、消息报道，对购买者、供货者、承包商、中间商、商务代表和运输商等的信息提供。

(7) 顾客沟通。顾客反馈和信息查询。

网络营销的实质是通过网络进行传输的市场营销，它着眼于信息流，使传统市场营销发生了根本的变革。互联网将营销导向信息经济的环境，网络上的电子空间距离，使各方相隔的“时差”（时间间隔）几乎不复存在。互联网的开放性和公众参与性，吸引了越来越多的网络用户，上网人数与网络营销的营销额同步激增。企业可以利用万维网制作介绍自身形象的主页、发布多媒体的虚拟产品清单、电子订单或在线客户支持系统，使网络营销成为市场营销的新途径。

（二）网络营销的特点

随着互联网技术发展的成熟以及联网成本的低廉，互联网好比是一种“万能胶”将企业、团体、组织以及个人跨时空联结在一起，使得他们之间信息的交换变得唾手可得。市场营销中最重要也最本质的是组织和个人之间进行信息传播和交换。如果没有信息交换，那么交易也就是无本之源。正因如此，互联网具有营销所要求的某些特性，使得网络营销呈现出以下一些特点。

1. 跨时空

营销的最终目的是占有市场份额，由于互联网具有超越时间约束和空间限制进行信息交换，因此使得脱离时空限制达成交易成为可能，企业可有更多时间和更大的空间进行营销，可每周 7 天，每天 24 h 随时随地提供全球性营销服务。

2. 多媒体

互联网被设计成可以传输多种媒体的信息，如文字、声音、图像等信息，使得为达成交易进行的信息交换能以多种形式存在和交换，可以充分发挥营销人员的创造性和能动性。

3. 交互式

互联网通过展示商品图像，商品信息资料库提供有关的查询，来实现供需互动与双向沟通。还可以进行产品测试与消费者满意调查等活动。互联网为产品联合设计、商品信息发布以及各项技术服务提供最佳工具。

4. 个性化

互联网上的促销是一对一的、理性的、消费者主导的、非强迫性的、循序渐进式的，而且是一种低成本与人性化的促销，避免推销员强势推销的干扰，并通过信息提供与交互式交谈，与消费者建立长期良好的关系。

5. 成长性

互联网使用者数量快速成长并遍及全球，使用者多属年轻、中产阶级、高教育水准，由于这部分群体购买力强而且具有很强市场影响力，因此是一项极具开发潜力的市场渠道。

6. 整合性

互联网上的营销可由商品信息至收款、售后服务一气呵成，因此也是一种全程的营销渠道。另外，企业可以借助互联网将不同的传播营销活动进行统一设计规划和协调实施，以统一的传播资讯向消费者传达信息，避免不同传播中不一致性产生的消极影响。

7. 超前性

互联网是一种功能最强大的营销工具，它同时兼具渠道、促销、电子交易、互动、顾客服务以及市场信息分析与提供的多种功能。它所具备的一对一营销能力，正是符合定制营销与直复营销的未来趋势。

8. 高效性

计算机可储存大量的信息，代消费者查询，可传送的信息数量与精确度，远超过其他媒体，并能因应市场需求，及时更新产品或调整价格，因此能及时有效了解并满足顾客的需求。

9. 经济性

通过互联网进行信息交换，替代以前的实物交换，一方面可以减少印刷与邮递成本，可以无店面销售，免交租金，节约水电与人工成本；另一方面可以减少由于迂回多次交换带来的损耗。

10. 技术性

网络营销是建立在高技术作为支撑的互联网的基础上的，企业实施网络营销必须有一定的技术投入和技术支持，改变传统的组织形态，提升信息管理部门的功能，引进懂营销与计算机技术的复合型人才，未来才能具备市场的竞争优势。

二、网络营销与传统市场营销的比较

（一）网络营销与传统营销在环境方面的区别

（1）市场环境的改变。随着信息时代的到来，互联网逐步普及，市场开始转移到网上，开始由现实走向虚拟。

（2）媒体的变化。互联网作为新兴媒体开始逐步抢占报纸、广播、电视等传统媒体的阵地。

（3）消费者不同。目前，消费者的消费倾向开始由大众化消费向个性化消费转变。

（4）营销职能的不同。在现行的网络营销中，顾客成为“兼职雇员”，从以往的被动转为主动，进而成为参与营销活动必不可少的合作者。

（二）网络营销与传统营销在游戏规则方面的不同

（1）网络社会的竞争优势不是来自垄断的技术，而是来自吸引和保持顾客的能力。吸引顾客的注意力和留住顾客将成为营销中压倒一切的首要目标。

（2）通过降低成本来增强竞争优势。使用互联网可以明显降低运作成本，流通成本和传播成本。如原来要找一个新顾客需要20~300元，而使用互联网只需要2~3元。

（3）用虚拟过程来消灭库存。“零库存”在传统营销中很少听到，但在网络营销中通过再造通路、物流、供应链的流程却是比较容易实现的。

（4）网络营销赋予顾客新的含义。顾客在网络营销中充当的不仅仅是营销的对象和目标，而是亲身参与到营销当中，成为参与者甚至控制者。

（5）传统的与顾客沟通和建立关系的方式不复存在。和顾客打交道全部在网络上进行，面对面的交流被取代。

（三）网络营销的优势

（1）网络营销是一种以消费者为导向，强调个性化的营销方式。网络营销的最大特点就是以消费者为主导。消费者可以根据自己的个性和需求在互联网所能达到的世界各地寻找自己想要的东西，不再受地域和时间限制。消费者也可以查询更多的产品信息，从而使自己的个别消费心理得到最大程度的满足。

网络营销的这种个性化方向要求厂商重新考虑其策略，一定要把消费者的个性需求作为提供产品和服务的出发点。企业可以将大量的信息以数字化的形式置于互联网上，用极低的成本发送出去并及时根据需要进行修改。这样既节省了成本，又可以根据消费者反馈的信息调整营销的目标和方法或提供个别的服务。

（2）网络的互动性使得全程营销成为可能。不管是传统营销的4P组合，还是网络营销所追求的4C组合，都离不开一个前提，就是企业必须从产品的开发阶段就要充分考虑消费者的需求，即进行全程营销。

但从目前来看，由于缺乏与消费者沟通的有效手段或沟通成本过高，企业往往缺乏足够的资金用于了解消费者的各种潜在需求，只有凭借自身能力或参照市场领导者的策略进行产品开发。

而消费者也只能就成品提出批评和建议，触及不到底层的研制或规划。

网络的出现为这个问题的解决提供了一个十分方便且有效的手段。通过互联网，企业可以用很低的成本对营销的全过程进行调查，消费者则有机会对产品从设计到定价和服务等一系列问题发表意见。这种双向互动的沟通方式提高了消费者的参与性和积极性，更重要的是它能使企业的决策有的放矢，从根本上提高消费者的满意度。

（3）网络营销极大地方便了消费者购物，提高了消费者的购物效率。生活在现代都市里的人们应该都有上街购物的经历，日益丰富的货架，琳琅满目的商品确实给人一种充实感。但随着生活节奏的加快，人们不再去追求货比三家的实惠、讨价还价的快感，而是要充分考虑时间的价值。但一个简简单单的购物却也需要经历挑选、付款结算、包装和取货等几个步骤。再加上购买的路途及等待时间，消费者为购买商品所付出的时间和精力是无法衡量的。其实，当代人们更注重闲暇时间，希望利用闲暇时光进行一些有益于身心的活动，所以外出购物的时间就越来越少了。

网络的出现给人们购物提供了另一幅画面。在这里，购物不再是一种时间的流逝，而成了一种消遣方式，你可以尽情浏览五彩缤纷的商品，同时又可以完成你的交易。互联网不仅简化了购物过程，而且还拥有有些传统购物中所享受不到的购物乐趣。首先，网络在售前给消费者提供了许多产品的信息及相关资料，消费者可以足不出户而货比三家，通过合适的性价比来选择自己所需要的商品；其次，消费者不必再去体会交通堵塞和人满为患的痛苦，也不再为不能送货上门而烦恼，网络可以为您解决这些消费难题，您只需轻点鼠标，就可以静等货物进家门了。

总之，网络营销简化了购物环节，节省了消费者的时间和精力，将购买过程中的麻烦减少到最少。

(4) 网络营销可以使消费者获得理想的价格。由于网络营销也为企业节省了巨额的促销和流通费用，从而使产品的成本随之降低，产品的价格也就有了更大的下调空间。消费者可以在全球范围内寻找最优惠的价格，使得企业在价格方面的竞争更加激烈。

消费者迫切需要一种新的快速方便的购物方式和服务，使自身的需求得到最大限度的满足。消费者价值观的这种变革需要网络营销，而网络营销在一定程度上也满足了消费者的这种需求。

三、农产品网络营销的对策

(一) 在生产环节，实现农业生产的标准化

"互联网+"农业可以从生产环节彻底改造农业，使农业自动化、精准化、可追溯，减少人力，降低成本，并最终实现农产品生产的标准化。应用互联网技术，可以通过各种无线传感器实时采集农业生产现场的光照、温度、湿度等参数及农产品生长状况等信息，再将采集的参数信息汇总整合，最后通过智能系统进行定时、定量、定位处理，及时精确地遥控指定农业设备的开启或是关闭，真正实现"智能化农业"。

(二) 在流通环节，创建廉价且高效的销售入口

既可以农业电子商务的形式体现，建立农产品信息平台，大力发展智能农业和农村电商，通过电商进行销售，可以使用户足不出户、舒适便捷地选择到自己心仪的产品，并充分发挥了本地产销企业流通半径小、安全控制能力强的本土优势。同时作为一种新型销售模式，电商也是促进本土农产品实现优质、优价的最有效途径之一。还可以利用各类社会化媒体及通信工具作为农产

品提供便利的营销入口，微博、微信、QQ 等都是免费的资源，营销成本极低。

（三）在经营环节，基于互联网思维升级农产品经营模式

互联网农业的营销策略良好地运用市场细分理念，运用大数据精准定位目标客户，避免泛化营销；运用无障碍频繁自由的互联网沟通工具，实现与客户的密切互动，不断改进产品质量；互联网平台从根本上改变农业生产和销售的关系，运用大数据分析定位消费者的需求，按照消费者的需求去组织农产品的生产和销售，从而实现农产品的零库存。互联网农业实现了从生产商向服务商转型，使农民、消费者和市场紧密融合。酒香不怕巷子深，农业已经进入营销新时代，将互联网思维用在农产品规格、包装、生产、渠道等环节，可以解决小规模生产问题。而“互联网+”，将给农产品带来颠覆性价值，其绝对不仅仅是渠道的补充，更是让所有企业能够更进一步的接近、理解自己的消费群体，能够定制化推出及引导和满足消费者深层心理需求，又能够持续为企业贡献巨大利润、提升企业品牌价值和知名度的“战略新品”。

（四）在配套环节，用互联网来提升农村农业金融服务

规模化、信息化、现代化和智能化的农业经营，需要更大的资金投入，我国的农村金融服务并不能满足农民的需要。当前我国互联网农村金融服务主要集中在两个方面：一是小额信贷，农村信贷的主要服务对象多为养殖、餐饮、零售等小规模经营者，因此信贷额度小，资金分散，相对于大额信贷而言借款人的资金安全更加有保障，小额贷款的农村互联网模式是通过互联网聚集借款人以及投资人，再通过相关风险控制体系筛选有能力的借款人以及投资人，使其对接交易的 O2O 模式；二是农业保险，目前我国商业保险公司开展农业保险的积极性较低，农业保险险种

较少，主要是因为农业生产经营风险大、保险赔付率高，通过运用互联网的信息采集能力和大数据分析能力，农业保险的赔付率高的问题将可以得到显著改善。

（五）在人才培养环节，可以吸纳新知

农民是农业中坚力量，他们可以利用互联网思维和技术投资创业，通过互联网技术实现农业产供销的全程追溯，创造出真正的现代化互联网农业。总之，通过互联网思维的导入，随着新型农民将互联网知识技术应用到农业经营的各个环节，可以逐步升级传统农业的产业链，提高农产品价值，克服传统农业种种弊端，最终将其发展成为新型“互联网农业”。

下篇　带头人风采

第十章 典型案例

第一节 河南省夏邑县王飞家庭农场

——科学搭配种植品种 实现四季稳定增收

王飞家庭农场位于河南省商丘市夏邑县刘店集乡徐马庄村，由“80后”农民王飞于2012年创办。农场以发展生态休闲农业为主，现经营果树温室大棚14个、露地梨树80亩、露地晚黄桃70亩、苹果和猕猴桃35亩和一些优质瓜菜、杂粮作物，共流转耕地230余亩。农场主王飞在生产实践中，探索出“一年四季有活干，一年四季有钱赚”的经营模式，亩均效益3万元以上，最高达到5万元，每年纯收入百万元以上。

王飞家庭农场所在的刘店集乡有耕地4万余亩，乡政府利用其便捷发达的交通条件，带动农民积极发展蔬菜生产。刘店集乡现有蔬菜大棚1万余亩，规模在100亩以上的农场接近30个，逐渐发展成为河南省乃至全国知名的蔬菜供应地。王飞家庭农场能从众多农场中脱颖而出，主要有以下几个要素。

一、利用地域优势，明确经营主题

1999年初中毕业的王飞先后在江苏省毛衣厂、电瓶车厂打工。2004年春节，王飞看到了当年的中央一号文件，认为国家政策好，发展农业大有前途，决定不再外出打工，留在老家发展高效蔬菜种植。起初，王飞在家乡建了两个占地 3 亩的塑料大棚，但收益不太理想。为提高效益，他参加河南省农业广播电视学校（夏邑县分校）举办的培训班，学习大棚蔬菜栽培技术，每亩大棚的年效益达到 1 万元左右。紧接着他又扩大了生产规模，新建了 4 个占地 8 亩的塑料大棚，由于种植结构单一、市场把握不准等诸多问题，农场经济效益明显下滑，产品面临转型升级。2012 年，王飞在老师的指导下，发现可利用徐马庄村靠近城区的优势，通过流转土地建立家庭农场，在原有蔬菜大棚的基础上搞果树种植，能够很好地满足都市群体的采摘体验需求。于是，农场流转土地 230 亩，改变过去单一蔬菜大棚的形式，实行果蔬大棚、露地种养、生态育苗等多种生产模式相互搭配，形成了以生态休闲农业为主题的综合农场。

二、科学搭配品种，抢占“高价位”市场

为提高效益，农场科学搭配品种，控制瓜果蔬菜的规模和成熟的时间节点，错开上市时间，合理安排用工。做到了农场四季飘香，不同的季节有不同的花景和水果，果蔬销售从每年的 2 月可一直持续到年底，实现了经营效益的最大化。王飞还经常外出学习，通过不断更新理念、掌握最新技术，提升农场经营水平。2010 年他和妻子参加春季河南省农业广播电视学校（简称：农广校）中专班，系统学习现代种植技术和经营管理知识。此外，还经常外出到农业高科技示范园参观学习新技术。在种植技术遇到问题时，他及时邀请农广校老师现场指导大棚杏树修剪和管理。通过培训、外出考察和老师的跟踪服务，农场发展越来越好。目前，农场在春节前后有大棚蔬菜上市，5 月有大棚杏上市，6 月有大棚葡萄和露天的各种杂果上市，10 月有黄梨上市，全年季季有鲜果，每季都能有收入。各种水果成熟期的错开减少

了集中用工量，同时利用冷库储存避免了果品集中上市，不仅减少了劳动成本，还抢占“高价位”市场增加了经营收入。

三、立体生态种植，保障“优质优产”

家庭农场要取得持续收益必须用现代科技来武装，走绿色种植的发展道路。王飞家庭农场在经营过程中，坚持绿色种植理念，在果树苗棚内实行蔬菜、果树间套作，实现立体种植，解决了果树苗期无收益的难题；在蔬菜大棚内采用适度的轮作、轮休模式，既解决了蔬菜的连作障碍，又实现了土地的可持续利用；精选桃、杏、梨、葡萄、火龙果、西梅和猕猴桃等 7 类 14 个品种，采用嫁接等栽培技术，实施节水增温管理，实现了生态、绿色、环保发展，保障了优质优产。目前农场的大棚杏采用野生毛桃作为砧木嫁接金太阳杏，结出来的果实个头大、味道甜、风味独特，既有杏的味道，又有桃的个头。由于是大棚内种植，整个生长期不用喷洒农药，受到消费者的欢迎。每年从开花时期就开始接受预订，还没等到“五一”上市，就已被抢订一空。大棚葡萄采用无公害绿色管理方法，多施生物有机肥，整个生长过程不喷洒农药，结出来的果粒上色均匀，糖度高，成熟后可以挂果一个多月。葡萄 6 月中旬上市后，每斤（1 斤=500 g）可卖到 8 元以上，每亩效益至少在 4 万元以上。露地水果全部种植最新优质品种，增施有机肥，果子个大、色艳、口感好，效益非常不错。

四、开展多方协作，发展现代营销

王飞家庭农场很好地把握了消费者的消费习惯和心理，通过与微商代理人协作，以口口相传的方式，很好地解决了产品销路并实现了优质优价；通过与滴滴、京东、快递公司合作，既减少了运输时间，保持了水果的品质，又降低了产品运输成本；通过与周边农户的协作，既稳定了货源，扩大了产品销量和市场影响力，又带动了周边农户，实现了共同增收致富；通过与农广校的合作，既为自己学习技术提供了保障，又将自己的经验与技术传授给了千千万万个农广校学员。

五、开展技能培训，助力脱贫攻坚

从2014年开始，农场推行“家庭农场+土地流转+贫困户务工+脱贫技能培训”的扶贫模式。在土地流转上，农场优先流转贫困户的土地，流转费为每亩每年1 200斤小麦，按当年市场价直接支付现金。在技能培训上，王飞建立了“农民田间学校”，对贫困户免费培训指导，帮他们规划、管理和销售。对有技术无资金的贫困户，帮助协调贷款；对没项目的贫困户，免费提供项目、技术及销售支持；对没能力创业、风险承担能力弱的贫困户，安排其到农场打工，定期领工资，目前已与24户贫困户签订了劳动用工协议。近几年来，农场先后举办培训班30余期，培训学员3 000余人次；同时还接待省内外贫困户学员100余批次20 000余人。

王飞家庭农场先后被认定为“夏邑县现代园区”“商丘市示范家庭农场”“河南省农产品安全追溯示范点”“青少年科普示范基地”。2017年，王飞被共青团中央、农业部评为“全国农村青年致富带头人”，2018年当选为河南省第十三届人民代表大会代表。

第二节　甘肃省天水市麦积区辉旭养殖家庭农场

——立足服务当地　养出特色与效益

辉旭养殖家庭农场位于甘肃省天水市麦积区伯阳镇兴仁村，

成立于2014年2月，主要从事蛋鸡养殖和育雏。因带动示范效应明显，辉旭养殖家庭农场于2014年、2015年先后被评为区级、市级示范家庭农场，2017年又被评为省级示范家庭农场。农场由现年45岁的农场主张旭斌及其父亲、妻子3人共同管理，并从本村雇了两名女工。截至2019年5月底，辉旭养殖家庭农场累计投资近80万元，存栏蛋鸡1.8万只，其中普通蛋鸡1.5万只、特色蛋鸡0.3万只，有标准化养殖圈舍5栋共1 900 m^2，另有育雏室两间、冷库一间、饲料加工车间一处，已经注册“嘹呱呱”富硒土鸡蛋商标，年盈利20多万元。

辉旭家庭农场立足当地市场，坚持适度规模，积极发展特色养殖，取得了较好的经营效益。

一、子承父业，从事蛋鸡规模养殖

农场主张旭斌高中毕业后，曾长期在兰州运输水果。但赚钱越来越难，而父亲在家搞的小型蛋鸡养殖场却收益很好。和妻子、父亲商量后，张旭斌2013年放弃了水果运输，决定继承父亲干了20年的养鸡事业，从事肉蛋鸡养殖。张旭斌回乡以后，需要建设圈舍，扩大养殖规模，这就遇到了用地问题。因圈舍的投资较大，为了保持圈舍及养殖的稳定性，张旭斌在镇、村干部的帮助下，以7万元/亩的价格，流转了与自己家承包地相邻的本集体成员3.5亩土地的承包经营权，并在这些土地上投资20万元建设了1 900 m^2的标准化养殖圈舍。

二、适度规模，积极化解经营风险

农场主张旭斌和父亲商量后发现，家庭农场的养殖规模不能太大，否则管理跟不上，肯定要赔钱，因此他们把自家的养殖规模控制在2万只左右。实际上，2017年当地鸡蛋价格大幅下滑至2.1元/斤，并连续几个月低于3.0元/斤的鸡蛋平均生产成本。辉旭养殖家庭农场虽然也以很低的价格把成年鸡全部出售，但张旭斌的父亲根据几十年的养鸡经验，预估到鸡蛋价格将会很快反弹，因此忍痛在处置成年鸡的同时，从北京峪口禽业公司购进了1.5万只鸡苗。不出所料，鸡蛋市场价格很快大幅反弹，成为“火箭蛋”，价格最高时接近6.0元/斤。此时辉旭养殖家庭农场的鸡已经能够下蛋，刚好赶上了这一波价格反弹。截至2018年底，辉旭养殖家庭农场不仅弥补了2017年亏损的10多万，还赚了20多万元。反观周边很多养殖规模太大的家庭农场，2017年亏损较多，再加上没有应对“鸡周期”的经营意识，最终被迫退出了养殖行业并欠下了不少债。

三、服务当地，坚持特色化品牌化

辉旭养殖家庭农场非常注重服务当地，并努力争取麦积区城乡消费者的认可。农场主张旭斌认为，对较小规模的养殖农场，应当主要服务当地市场，“把鸡蛋卖到外地大城市，不是我们应该考虑的事儿”。2017年，为了提升品牌知名度、满足优质鸡蛋的消费需求，辉旭养殖家庭农场积极将养殖品种从普通蛋鸡向特色化、高附加值的蛋鸡调整，并成功注册“嘹呱呱”富硒土鸡蛋商标。这些品牌鸡蛋进入市区的生鲜超市后，很受消费者欢迎，实现了优质产品高价销售。据农场主张旭斌估计，从成本收益看，2018年养殖1 000只优质蛋鸡的经营收益，大致与3 000只普通蛋鸡相同。看到市场反响良好，2019年辉旭养殖家庭农场又引进优质蛋鸡鸡苗2 000只，形成“特色蛋+普通蛋”高低搭配的经营布局。

四、主动学习，提高经营管理水平

与普通小农户种植、养殖主要靠经验不同，家庭农场的经营规模更大、风险更高，因此更需要农场主“懂技术、善经营、会管理”。在家庭农场成立之前，常年在外跑水果运输的张旭斌与妻子都完全不懂养鸡，养殖技术方面主要靠其父亲。不过，在成立家庭农场后，农场主张旭斌与妻子不仅积极参加政府部门组织的养殖技术培训，还主动利用手机网络，在中国兽医网、中国畜牧兽医网等专业网站学习专业养殖技术，咨询育雏和蛋鸡养殖过程中遇到的技术难题。近年来，辉旭农场的蛋鸡养殖技术越来越好，育雏的成活率达到95%以上，而当地其他农户育雏的成活率一般不到90%。不仅如此，农场主张旭斌还积极上网学习营销技术。目前，他正在与网络公司洽谈合作事宜，借助互联网为城区消费者进行订单配送。

五、回馈社区，带动周边农户发展

因为辉旭农场的养殖技术已经在当地具有相当的名气，再加上农场主张旭斌夫妻两人都热情好客，所以周边有很多养殖户都前来寻求技术帮助，也有不少想从事蛋鸡养殖的农户来咨询问题。农场主张旭斌夫妇都给予热情帮助。由于一些小规模养殖户不能自制饲料、不能自行育雏，辉旭农场经常为其提供饲料、育雏服务，收费远低于市场价格。除根据生产需要，常年聘用本村两个人来农场捡蛋、打防疫针等，还常年收购周边农户的玉米麸皮作为饲料原料，真正做到本地原料、本地生产、本地销售。不仅如此，对于本村有需要鸡粪作为有机肥的农户，辉旭农场不仅免费送其鸡粪，还直接用农场的车辆把鸡粪运送至果园或菜地，做到鸡粪的绿色化利用，基本消除了规模化蛋鸡养殖对生态环境的不利影响。

第三节　新疆维吾尔自治区阿克苏市盛世桃源家庭农场

——探索多元种养结构　打造休闲“林果农场”

盛世桃源家庭农场位于新疆维吾尔自治区阿克苏市（贫困县）托普鲁克乡七大队，距离阿克苏市城区15 km，驱车约20 min。农场地处天山南麓、塔里木盆地北缘，地势平坦，一望无垠。阿克苏河流经于此，农业灌溉方便，周围均为农业林果区。2006年，30岁的谭蜀疆怀着浓厚的故乡情结，从沿海大城市公司辞职，回到家乡阿克苏市托普鲁克乡，承包120亩棉花地改种核桃树。创业道路上他经历了从刚开始的技术短缺、管理不善的经营失败，到不断学习摸索、尝试进行多元化果树种植，再到2014年实现扭亏为盈，家庭农场发展逐步迈向正轨，2018年收入约30万元。农场在不断优化种养结构的同时，积极打造休闲娱乐区，挖掘农业多种功能，形成“开心农场”格局，引来游客络绎不绝，经营效益日益提高。目前，家庭农场以种植为主，养殖为辅，经营面积120亩。农场主充分利用自然条件和区位优势，计划与周边20余家林果农场联合，组团打造面积近3 000亩的“家庭农场+休闲旅游”农业观光园。盛世桃源家庭农场坚持以市场为导向，以技术为支撑，不断优化种养结构，探索多元休闲农业项目，逐步走出了一条种养循环、产业融合的发展之路。

一、求师学艺，掌握农业技术

谭蜀疆大学毕业后，一直从事广告行业的工作，对农业生产技术了解不多。创办盛世桃源家庭农场后，通过书籍和网络资源，自学果树栽培、嫁接改良、修剪枝叶等技术。遇到技术难题，四处求师学艺，虚心学习果树种植技术。此外，通过当地农业农村部门的支持，邀请科技人员和有经验的农民，来农场实地教学授艺。经过多年的摸索和实践，农场主掌握了核桃、樱桃、草莓等多种干果、水果种植技术。

二、不断优化，调整种植结构

为提高种植效益和土地利用效率，农场由最初单一种植核桃转变为行距间套种棉花，但经济收益仍然不高。经向农业技术部门咨询，农场主探索多元化果树种植，核桃树间不再种植经济效益不高的棉花，改为穿插种植适合休闲农业项目的枣、杏、苹果、葡萄等水果。

三、科学管理，提高果品质量

种植区的土地规划为条形地，条地长 270 m、宽 30 m，每条分成 6 块，便于排水、浇灌、机耕等管理作业。农场间伐种植果树，按季节合理修枝疏果，保障果树通风透光；科学防菌防虫，禁喷高毒农药，采用杀虫灯、粘虫板等物理方式除虫；科学浇水和施肥，多施有机肥，适度施用化肥；及时采收，合理晾晒。通过生产各环节的科学管理，提高了农场果品的质量。

四、合理规划，改善园区建设

农场分为种植和休闲两大区域。100 亩种植区又分为核桃区、樱桃区、蟠桃区和蔬菜区。这样既丰富了农场果树的品种，提高了观光采摘价值，还能抵御单一水果种植的风险。在休闲区，春夏两季作为游客宽敞的休闲活动场地，秋季可作为核桃晾晒场，做到资源充分利用。为提档升级休闲项目，农场还不断更新和完善棋牌室、烧烤区等设施，增强游客接待能力。

五、搭建平台，拓展营销渠道

目前，盛世桃源家庭农场的收入中，只有30%来自采摘、餐饮、娱乐等休闲项目，70%来自核桃、蟠桃等干果、水果销售。为解决农产品难卖问题，农场主充分利用互联网资源，每年投入资金进行网站宣传，通过电商平台把农场的核桃销往新疆内外。随着农场网站影响力的扩大，不但能够实现自售，还能销售周边农户的核桃。同时，农场主积极联系当地多家大型超市，对接超市，既省去中间营销环节，又拓宽了销售渠道。

六、股份合作，争取各方支持

果树种植投资大、风险高、见效慢，农场创办不到5年，亏损了50多万元。为了解决资金难题，农场采用股权合作方式进行融资，既有外来资金和周边农户土地入股，也有联营形式，抱团取暖，增强了农场抗御风险的能力。

七、多元融合，打造休闲农业

农场以核桃种植为主，开辟樱桃、蟠桃、蔬菜种植区，种植区内套种草莓、油菜、葡萄、西瓜等，核桃树下开发林下经济，养殖鸡、鹅、羊、兔子等。春季赏花、夏季采摘、秋季卖果、冬季休闲，游客入园采用买票制，票价每人10元。客人入园后可以感受采摘乐趣，品尝各种新鲜水果，体验农耕文化。盛世桃源家庭农场以种植林为依托，建设农场休闲区，实现种植、养殖、观赏、食用、销售、娱乐为一体综合盈利模式，走出了一条新型致富之路。

第四节 天津市东山鹊山鸡养殖专业合作社
——作特色养殖文章 走合作共赢之路

天津东山鹊山鸡养殖专业合作社位于天津市蓟州区下营镇东山村，成立于2011年5月，成员出资总额2 000万元，成员164户，养殖规模15万余只，年产值1 300余万元。合作社利用山地果园采用林下生态放养的方式养殖鹊山鸡，拥有生态放养基地面积3 000余亩，存栏5万余只，建有鸡舍5 000余平方米，育雏车间、饲料加工车间、屠宰加工车间、保鲜库、冷藏库等生产附属设施3 000余平方米，固定资产2 600余万元。合作社被评为国家农民合作社示范社、全国互联网+现代农业创新创优百佳企业、天津市农产品电子商务示范企业，理事长被评为全国首批农民创业创新优秀带头人。

一、选好发展方向，做林下经济文章

合作社所在的蓟州区是全国生态示范区、首家绿色食品示范区，山区面积占全区面积一半以上，大多数山区农民的收入主要依靠传统的林果业，收入相对较低，亟须开拓新的致富门路。合作社成立之初，认真分析行情，总结先进经验，认为当地林木资源丰富，可以利用山地果园套养土鸡，实现“鸡上树吃虫—果树不打药—粪便排树下—果树不施化肥”的生态循环绿色养殖模式，提高果品质量，增加养鸡收入，符合可持续发展要求，是山区农民群众致富的一条新路。于是，合作社利用蓟州好山好水、林木资源丰富的优势，以山地果园作为养殖基地，精心选择能飞善跑、抗病力强的鹊山鸡作为养殖鸡种，采用果林套养、林下生态放养的模式，在山区示范生态养殖土鸡。

合作社创新管理方式，提供鸡苗、生产资料、生产标准、技术指导、商标包装、产品销售“六统一”服务，合作社和成员利益共享、风险共担。合作社针对养殖户生产无标准、产品质量参差不齐的问题，聘请土鸡育种养殖专家担任顾问，组织自有技术力量，系统总结养殖经验，制定了鹊山鸡生态养殖标准 20 余项，用标准指导养殖户科学养殖。合作社制定的《鹊山鸡育雏技术规范》《鹊山鸡散养技术》《鹊山鸡散养疫病防控技术规范》等被认定为天津市地方标准。

二、打造生态品牌，用好“电商网”

品牌是合作社发展的核心竞争力。合作社注重品牌打造，坚持用品牌引领发展，注册了“花入羽”商标，取得国家绿色食品认证和生态原产地保护产品认证。积极开展产品宣传推介，多次参加生态文明论坛、达沃斯论坛、中国绿色食品博览会、中国国际农产品交易会等，荣获中国绿色食品博览会金奖、中国国际农产品交易会金奖、天津市 2016 年度优质农产品金农奖等。“花入羽”品牌被评为天津市农产品国内知名品牌、中国百佳农产品好品牌、中国生态原产地知名品牌。2020 年，“花入羽”鹊山鸡、鹊山鸡鸡蛋入选全国第三批名特优新农产品名录。

随着电子商务迅速发展，合作社调整营销战略，在搞好实体店销售的同时，积极开拓电子商务市场，聘请精通电商业务的职业经理人，组建了电商销售部，配备专业技术人员和客服人员，建立起合作社的网站、网上商城、微店、微信小程序，开通了直播卖货，在淘宝、阿里巴巴上开设专营店，在京东生鲜自营上销售产品。合作社的鹊山鸡鸡蛋富硒、低胆固醇，鸡肉高钙低脂，一枚鸡蛋卖到 3.5 元，一只鸡卖到 190 元。2020

年，合作社电子商务交易额达到500余万元，占总销售额的40%。

合作社建立完善了产品质量安全追溯体系，所有产品包装上都有国家市场监督管理总局监制的生态原产地保护产品专用防伪标签，消费者可以通过手机扫码查询产品溯源信息。生态养殖基地安装了20余个摄像头，开发了由互联网、视频监控组成的养殖基地全景实时可视系统，消费者通过手机可以随时观看基地生态环境和生产情况，增加了消费者购买产品的信心。

三、唱好旅游戏，实现三产融合

合作社依托旅游资源和畜牧养殖优势，发展休闲观光畜牧业，合作社在生态养殖基地相继建成了观光采摘、亲子活动、休闲垂钓3个功能区，完善了配套设施。如今，合作社养殖基地内一座座鸡舍星罗棋布，镶嵌在绿色海洋之中，绿水青山、蓝天白云、曲径红亭、多彩鸡群绘成了一幅美丽的画卷。游人在养殖基地品尝鹊山鸡美味，采购基地生产的特色产品，体验亲子活动、动手采摘的乐趣，陶醉在“春赏花、夏观景、秋采果、冬玩雪，一年四季闻鸡鸣”的优美景色之中。每年来基地游览观光的人络绎不绝。

第五节　宁夏回族自治区海原县农腾种养殖专业合作社

——科技先行　产业支撑　服务“三农”

海原县农腾种养殖专业合作社位于宁夏回族自治区海原县七营镇，成立于2008年，目前成员已从成立之初的15人发展到3 500余人。合作社坚持以党支部为引领、以服务带动农民为目标，不断更新经营理念、创新经营模式，为成员及周边农户提供贴心服务，实现了经济效益和社会效益双赢，被评为国家农民合作社示范社。

一、强化科技推广，助力脱贫增收

合作社聘请退休畜牧、林业和农业专家7人，组建公益技术服务专家小组，开通服务热线，随时为农户提供咨询和田间疾病预防指导等服务。专家小组针对农户需求，每年定期开展分产业、分区域、分层次的技术培训，累计举办各类培训285期，培训3.6万人次。为解决枸杞种植品种老化问题，合作社以七营镇为中心，辐射同心县、原州区、海原县等75个建制村，打造新品种枸杞示范基地19个，通过示范推广，每年每亩枸杞种植可节省成本160元。为引导养殖户走科学化养殖道路，合作社租赁1万 m^2 的大型肉牛养殖场，免费提供给养殖户做示范推广，示范基地进行统一管理、统一喂养，经过科学饲养，每头牛至少节省1 000元饲料费用，牛肉品质也得到极大提升。

二、搭建信用平台，助农创业造血

为解决小农户创业贷款难题，合作社与农业银行、信用联社等金融机构合作建立了担保基金，结合“三户联保”贷款机制，为农民提供担保服务，为3 000余农户争取贷款1.76亿元。结合农村妇女创业小额担保贷款政策，争取海原县妇联妇女创业贴息小额担保贷款4 600万元，帮扶300余名妇女自主创业，成立家庭农场4家，其中3家被评为四星级示范家庭农场、1家被评为三星级示范家庭农场，1名妇女被评为全市妇女致富带头人，合作社被中华全国妇女联合会评为全国巾帼建功先进集体。

三、打造电商联盟，创新营销模式

随着合作社成员的不断增加，生产规模不断扩大，农产品产量不断增加，产品外销渠道不畅成为制约合作社发展的瓶颈。合作社聘请专业策划运营团队，制定详细的推广和销售方案，上线运营“农腾农产品销售平台”。合作社及成员的农产品可进驻平台，通过互联网将产品销往全国。合作社以宁夏优质农副产品为基础，建立了“国家示范社+电子商务+成员+基地+农户”的立体营销模式，打造了网上商城，销售范围遍及全国23个省（自治区、直辖市），2019年销售总额达到2.3亿元。

四、延伸产业链条，助力扶残帮困

合作社投资建成了汽车美容坊，为10名残障人士提供就业岗位，成为宁夏残疾人辅助就业基地；成立了残疾人文化创业就业扶贫基地，基地占地2 700 m^2，拥有员工38人，其中残疾人35人，主要从事手工艺编制、网站订单处理、网站客服、产品包装等工作。合作社还开通了网络“爱心商城”，为残疾人建设了一个展示自我的平台，主销布艺手工挂件，带动50余位残疾人就业。

第六节　贵州省开阳县南江乡醉美水果种植农民专业合作社

——推动水果产业绿色发展　服务的脚步永不停歇

贵州省开阳县南江乡醉美水果种植农民专业合作社积极搭建专家服务平台，聚焦农户需求开展全产业链服务；开展多类型水果品种种植，严控产品品质，注重商标保护，强化产品可溯源，提升品牌附加值；通过农旅结合创新经营模式，通过线上线下融合建立分批有序供应模式，实现合作社经营增值增效。

一、蝶变千亩果园，发展乡村旅游

龙广村地处贵州省贵阳市开阳县南江乡，平均海拔850 m。有文字记载，明代洪武年间这里曾被赐名“枇杷哨”。彼时，这里漫山都是金灿灿的枇杷果，让途经此处、疲惫不堪的官兵们一饱口福，随后战事大获全胜。数百年后，返乡村民陶秋运，遇到了这些香甜多汁的“黄金果”，不仅改变了自己的人生，更为龙广村“造”出了一条通往小康生活的“致富之路”。

2014 年，陶秋运回到老家牵头成立了开阳县南江乡醉美水果种植农民专业合作社，当时本地种植枇杷户户均收入只有8 000元左右。短短几年，龙广村从最初的几十亩果园蝶变为拥有玛瑙红樱桃、大五星枇杷、黑琥珀李等多个品种的上万亩果园。注册商标“画廊Q果·云上南江”更成为富硒有机、无公害、可溯源的高品质水果标签，并通过互联网电商，带着贵州的风貌走向全国各地。“河湾小镇十里画，旧林故渊凤凰寨”，龙广村水果产业的蓬勃发展还引爆了十里画廊乡村旅游，四面八方的游客慕名前往，观青山绵绵，听绿水潺潺，采时令水果，品原味农家菜。2021 年龙广村户均收入增至21 000元。

二、搭建服务平台，聚焦全产业链服务

服务带动是合作社的初心。合作社成立于2014 年11 月28日，由龙广村枇杷哨组11 户农户自发组织成立，2016 年发展社员43 户（其中贫困户13 户），2017 年发展社员113 户（100%覆盖贫困户）。2021 年在贵阳市委组织部的指导下，合作社成立

"开阳南江醉美水果枇杷产业专家工作站"。合作社将紧紧围绕枇杷产业，与产业、农户、专家紧密联系，服务成员，带动开阳枇杷产业，甚至贵州枇杷产业良性发展，践行合作社服务产业、研发深加工、拓展市场的使命。

合作社"入社自愿、退社自由"，入社成员不交钱、不交地，也不拿工资。合作社专注信息技术服务平台搭建，为农户提供产前、产中、产后的全产业链服务，只赚取信息及服务费。合作社定期组织成员召开会议，商讨发展思路，拟定发展计划，针对在生产、销售过程中出现的问题进行研判处理。经过几年探索，合作社走出了一条"统一管理、统一技术、统一采购、统一用药、统一病虫害防控、统一价格、统一收购、统一品牌宣传、统一电商平台销售"的标准化作业路径，努力打造实现农旅一体化、可持续发展的新型农业，为做大做强南江富硒枇杷产业夯实基础。

三、重视产品品质，提升品牌附加值

合作社严控产品品质，在生产过程中，严格按照农产品安全监管要求，科学合理施肥及使用农药，定期采样送农业监管部门检测，要求合作社成员签订安全承诺书，做好内部监督，实现合作社产品可追溯，责任到人。同时，与科研院校签订技术推广、食品保鲜、防寒防冻等方面的合作协议，在食品安全、产量提质增效上积极寻求专业支持。此外，合作社注重区域品牌塑造，积极推进开阳富硒产品宣传；对拳头单品进行精细化包装，打造精品品牌；注重商标保护，强化产品可溯源。目前，龙广村枇杷产业种植已实现前端和市场的对接，下一步，合作社还将把产业链延伸至深加工，进一步提高南江水果的产品品质和附加值。

四、种植类型增多，打通多元化销售渠道

合作社成立 7 年来，枇杷种植规模由最初各家标准不一的散种，到如今已扩展到覆盖 3 个村庄的近万亩。此外，当地樱桃种植示范基地的玛瑙红樱桃、黑珍珠樱桃，李子种植示范基地的脆红李、黑琥珀李等也逐渐形成规模。为了破解“增产不增收”的农业产业发展难题，合作社采取线上线下融合销售、分批有序供应的模式。2021 年对接北京、深圳、上海、昆明等城市水果批发市场及商超水果配送商，完成交易 100 多吨。此外，合作社还依托“十里画廊”丰富的旅游资源，组织开展现场采摘等活动。为促进自身健康发展，合作社在销售盈利中提取 2%的利润作为滚动基金，用于产品包装开发、成员技术培训、营销开发等。下一步，合作社将与贵州其他枇杷种植产区充分交流种植经验，不断整合资源，进一步增加产量、提升品质、延长供货期，让贵州枇杷在中国枇杷三足鼎立的局面中争得一席之地。

第七节　绵阳市游仙区太平土地托管中心

——托管中心+服务主体+农户新时代　种田好出路

游仙区太平镇（现与忠兴镇合并）位于游仙区、梓潼县和江油市三县市交界区域，位置较为偏僻，农业基础设施建设薄弱，属于典型的传统农业乡镇。全镇（原太平镇）总耕地面积约 22 938亩，农业人口约 15 586人，劳动力约 8 500人，全镇常年外出务工人员达到 6 500余人，全镇抛荒土地曾多达 8 300余亩。游仙区太平土地托管中心（简称：托管中心）成立于 2014年6月，由 1 家农民合作社、1 家龙头企业、6 户种植大户和 3

户家庭农场发起，现有成员 2 088户。托管中心以土地托管为载体，已发展壮大成为集仓储、加工、农机、植保和烘干为一体的大型农业社会化综合服务体。2020 年，托管中心共托管面积32 846亩，帮助农民增收累计 730 万元。

一、以小农户为中心，优化土地托管方式

太平镇历来有种植粮食的传统，但传统分散种植效益低、机械化水平低，加之分散种植成本高、劳动强度大、售价低等因素，年轻人种粮意愿低，土地撂荒问题突出，为破解粮食生产存在的难题，托管中心以全托、半托、代管 3 种方式为农户提供农业社会化服务。一是全程托管方式。托管中心提供“耕、种、防、收、销、管”全链条、一站式的全程托管服务，选择全托管的农户收益有保底收益、土地托管收益和粮食产量收益 3 种。保底收益和土地托管收益是托管中心按土地等级以每亩 300~500 元不等的价格向农民交租金或粮食；粮食产量收益是托管中心以 4：6 的比例（中心 40%、服务主体 60%）将当年取得收益进行分配。托管中心与小农户、服务主体（包括合作社、家庭农场、种粮大户等）签署了三方协议，按每年纯利润 1：3：6 的比例（中心 10%、农户 30%、服务主体60%）进行分红。全托小农户不需要提前支付托管费用，还能获得稳定收益，最大程度保障小农户的权益。二是半托订单服务方式。托管中心为农民种田提供农资、机械、技术、销售等多环节订单服务，农户支付托管环节服务费用，种田收益全部归农民所有。三是代管帮扶散户方式。托管中心为散户采购种子、化肥、农药农资、农技、农业机械等。半托农户和代管农户不参与托管中心的二次分配，但是享受的服务价格低于市场价 20%左右优惠。

二、稳固联结服务主体，强化队伍互利共赢

托管中心以市场需求为导向，通过契约和一体化方式与服务主体紧密垂直协作。一是强化队伍建设。托管中心累计投资700余万元，修建占地1.5万m^2的全产业链大型农业社会化综合服务体，组建了机械服务队、种植技术指导队、病虫害防治队、生产物资保障队等4支专业化服务队伍。托管中心现有可统一调度支配农业机械64台，其中大型旋耕机33台、收割机31台；现有病虫害防治人员80人，专业农技专家5人；现有机动喷雾器120台；植保无人机3台；大米加工机械1套；日烘干100 t烘干机4台（套）。二是严格五个统一。托管中心实行“作物统一机械收种、生产资料统一购买配送、种植技术统一指导、生产标准统一规范、种植产品统一外销”“五统一”管理。农资成本平均下降30%，实现了“粮食成本降低、农资用量降低、机械化成本降低、水电设施投入降低”等“四降低”，以及通过良种、良法、良技配套应用增加产量，通过与粮食收储加工企业合作采取订单生产增加农民收入实现“两增”。托管中心与游仙粮油购销公司、仙特米业等市内知名粮油供销企业签订协议，销售价格较市场价格高25%左右。三是稳固利益联结。托管中心与服务主体以“1+N”（即1个中心、N个服务主体）构建了“利益共享、风险共担”的抱团发展利益联结机制，托管中心负责统一财务核算，与小农户的三方合作协议一年一签，每年托管中心与服务主体对纯利润、产量收益依次进行分配，增强服务主体服务积极性。2020年与托管中心合作的服务主体平均增收25万元。

三、“土地托管+主体+农户”模式，经济社会效益明显

通过“土地托管+主体+农户”的运作模式，5年多以来，实

现零散撂荒的土地集中、集约管理，小农户可安心进城或外出打工，保障了农民土地权益和土地收益，实现较好的经济效益和社会效益。一是经济效益明显。全托 5 260户 23 754亩土地，绝大部分为外出打工农户；半托 2 465户 5 132亩土地主要是对市内务工人员提供单环节服务管理；代管 1 020户 3 960亩土地，主要是对在家无劳动力、无机械、无技术的人员提供多环节服务管理。全管后每亩增加收益 620~720 元，户均增加收入 2 935元；半托和代管农户每亩平均减少生产投入 220 元，平均每亩增产 10%、增收 80 元，每亩平均增加收益 300 元。2020 年半托和代管土地增收 154 万元，提供零活就业岗位 300 余个，户均增加收入 624 元。通过全产业链社会化服务，托管中心服务主体年经营收入由起初的不到 5 万元增加到 56 余万元不等。二是社会效益凸显。通过 3 种托管方式，引导当地粮食生产实行“统一管理、统一种植，统一销售”，解决了“谁来种”“怎么种”的问题，同时将农村劳动力从传统种养中解放出来，促进劳动力转移，带动农民增收，实现托管中心与农户“双赢”。三是生态效益显现。托管中心全面推广适应性强、米质优良的水稻品种，广泛应用测土配方施肥、飞防技术、稻谷低温烘干、全程机械化和秸秆还田等新技术，有效提高稻米产量和品质，加快农业生产方式转变，助推现代农业发展。

第八节 北京农信互联科技集团有限公司
——打造全产业链服务平台 开创智慧养猪新模式

北京农信互联科技集团有限公司成立于 2015 年，针对我国养猪业存在的问题，农信互联大力推动人工智能、移动互联网、物联网、云计算、大数据等信息技术手段与传统养猪业深度融合，创建了生猪产业链大数据智能服务平台——“猪联网”，打造了集管理、服务、财务、资讯、教育、电子商务、金融等为一体的养猪综合服务平台，依托网络开展猪服务、猪交易、猪金融三大核心业务，贯穿整个生猪产业链的各个环节，开创了“互联网+”时代的智慧养猪模式。

一、“猪服务”——以数据为王，打造生猪养殖全流程智能管理系统

打造融合物联网、智能设备、大数据、人工智能等新技术的智能养殖管理平台，一方面在线上对用户提供生猪智能养殖管理、财务分析、生产管理、行情监测、猪病诊断、养猪知识学习等知识培训和答疑；另一方面在线下由服务人员对用户进行手把手的指导，帮助养殖户高效解决养殖过程中面临的各方面问题，成为养殖户的贴心参谋。

一是通过猪管理智能化系统大力推动生猪科学养殖。生猪智能管理系统连接“猪联网”平台上规模化猪场的环控、饲喂等自动化设备，实时监控生产状况和设备运行状态，同时为每头猪建立档案。截至目前，平台累计服务的猪场超过 1.45 万个，为 262 万头母猪和 2 600万头生猪提供信息化服务，大幅提升了猪场生产效率，PSY 值（每年每头母猪提供的断奶仔猪数）相比全国平均水平高出 3.98 头。

二是通过猪场智能化管理系统精准实现企业高效管理。猪场智能管理系统集 OA 办公管理系统、人力资源系统、财务管理系统、供应链管理系统为一体。生猪养殖企业可通过平台连接产业上下游，企业管理人员可实时查询销售、采购和库存数据，有效提升企业数据管理水平及生产效率。

三是通过猪病通远程服务系统有效解决生猪养殖疫病。“猪

病通”平台面向行业人员提供猪病远程诊断服务及交流学习机会，从而减轻生猪养殖行业疫病的危害，提升从业者养殖水平。目前，平台主要包括猪病远程自动诊断、兽医在线问答、猪病预警、智农通课堂及检测平台等五大系统。

四是通过行情宝猪价跟踪系统灵敏反映生猪市场行情。行情宝是农信互联自主研发产品，为养殖户及猪产业链相关主体提供生猪及大宗原材料价格跟踪和行情分析。在此基础上，农信互联与重庆农信生猪交易有限公司共同发布了生猪市场（交易）价格指数，反映我国生猪交易价格整体水平与变化。

五是通过养猪课堂全面提供养殖技术及经营管理知识。通过期刊、文库、视频、音频等多种形式，提供猪场建设、繁殖管理、饲养管理、猪病防治等专业知识，为经营者提供自我充电平台，帮助其提高经营管理和养殖技术水平。

二、“猪交易”——以电商为本，搭建生产经营主体猪交易平台

“猪交易”是面向生猪产业链中生产资料生产企业、农资经销商、猪场、猪贸易商、屠宰场等各个生产经营主体提供交易的电商平台，包括农信商城和国家级生猪交易市场两部分。养殖户可从农信商城购买饲料、兽药、疫苗等投入品，国家级生猪交易市场可帮助用户进行生猪交易。

一是通过农信商城，为养殖户提供一站式采购服务。根据用户采购记录和浏览记录，推荐质优价廉的“优选商品”，实现就近撮合，减少了中间环节和物流成本。同时，为规模化猪场、运营中心和核心企业三大客户群体提供集采服务。平台通过收取保证金的措施，保障交易双方合法权益，保证商品质量，平摊物流费用，让小企业也能享受大企业的特权。

二是通过国家级生猪交易市场（猪交所），实现买全国卖全国。在重庆荣昌区政府支持下，投资建设运营国家级重庆（荣昌）生猪交易市场，成功建立中国生猪网络市场，实现生猪活体“线上+线下”交易。截至目前，平台累计交易生猪高达5 000万头，实现的累计交易额超过724亿元。

三、“猪金融”——以金融为基，建立行业可持续的金融服务体系

“猪金融”业务主要为企业、养殖户、经销商、贸易商、屠宰场提供金融服务。通过平台获取的生产经营数据和农信商城获取的交易数据，利用大数据技术建立资信模型，为银行、保险、基金、担保公司提供信贷风险参考。公司金融服务体系涵盖了征信、支付、理财、借贷、保险、融资租赁、保理等产品。截至目前，农富宝累计理财金额超过506亿元，帮助用户实现的理财收益高达1亿元；农付通各支付类型累计支付总额已超过1 730亿元；农信险发放的贷款额累计超过125亿元；农信保实现的累计保理金额超过8 694万元；农信租借款金额已超过1亿元。

几年来，农信互联打造的“猪联网”智慧养猪新模式，促成了科技化生产、信息化沟通和市场化运作的良性产业格局，提高了我国养猪产业竞争力，在提高生产效率、改变交易方式、促进融合发展上产生了良好的社会效益。目前，平台已聚集了超过1.5万个中等规模以上的专业化养猪场、150万专业养猪人，覆盖生猪超过5 000万头，占全国生猪存栏量的7%，是国内服务养猪户最多、覆盖猪头数规模最大的“互联网+养猪”服务平台。自2016年初上线以来，“猪交易”平台共计完成网上交易猪数量超过5 100万头，市场覆盖全国28个省，交易金额超过728亿元，是目前国内最大的活体生猪交易平台。“猪金融”为生猪产业链上下游用户累计发放无抵押无担保贷款超127亿元；帮助农户管理闲置资金507亿元，累计为产业用户实现理财收益超1.04亿元。

参考文献

艾文喜, 姜河, 梁卫东, 2019. 农业标准化与农产品质量安全[M]. 北京: 中国农业科学技术出版社.

杜遥, 王秋芬, 张文林, 2016. 新型职业农民创业指导手册[M]. 北京: 中国农业科学技术出版社.

黄军平, 张熙青, 于雷, 2020. 农业企业经营与管理实务[M]. 北京: 中国农业科学技术出版社.

廖德平, 2015. 新型农业经营主体素质提升读本[M]. 北京: 中国农业科学技术出版社.

全国农业技术推广服务中心, 2018. 新型职业农民实用技术读本[M]. 北京: 中国农业出版社.

邵玉丽, 刘玉惠, 胡波, 2020. 农产品质量安全与农业品牌化建设[M]. 北京: 中国农业科学技术出版社.

王周锁, 党战平, 2016. 现代农业及经营管理[M]. 杨凌: 西北农林科技大学出版社.

张国庆, 刘龙青, 张月莉, 2017. 农产品市场营销[M]. 北京: 中国林业出版社.

赵冰, 2017. 农业经营主体创建与发展[M]. 北京: 中国农业科学技术出版社.